大河流韵

兰州市博物馆精品文物图文集

兰州市博物馆　主编
董亚莉　李晓林　陈虹　著

读者出版社

图书在版编目（CIP）数据

大河流韵：兰州市博物馆精品文物图文集 / 兰州市博物馆主编；董亚莉，李晓林，陈虹著. -- 兰州：读者出版社，2019.9
　ISBN 978-7-5527-0580-5

Ⅰ. ①大… Ⅱ. ①兰… ②董… ③李… ④陈… Ⅲ. ①博物馆－历史文物－兰州－图录 Ⅳ. ①K872.421.2

中国版本图书馆CIP数据核字（2019）第211825号

大河流韵——兰州市博物馆精品文物图文集
兰州市博物馆　主编
董亚莉　李晓林　陈虹　著

责任编辑　房金蓉
装帧设计　禾　木

出　版	读者出版社
地　址	兰州市城关区读者大道568号（730030）
邮　箱	readerpress@163.com
电　话	0931-8773027（编辑部）
印　刷	湖北画中画印刷有限公司
规　格	开本 787毫米×1092毫米　1/16
	印张 22.75　字数 372千
版　次	2021年6月第1版
印　次	2021年6月第1次印刷
书　号	ISBN 978-7-5527-0580-5
定　价	98.00元

如发现印装质量问题，影响阅读，请与出版社联系调换。

本书所有内容经作者同意授权，并许可使用。
未经同意，不得以任何形式复制。

序 言

《大河流韵——兰州市博物馆精品文物图文集》一书的定名是启用了兰州市博物馆的基本陈列展览名称。此次整理出版，目的是向人们展示兰州市博物馆的概况，并通过多件精美藏品的介绍，运用全新的阅读方式，以通俗易懂的文字、图文并茂的形式、新颖的视角，打破传统书籍的局限，利用现代化数字手段让文物"活"起来，把兰州市博物馆带回家，向人们展示兰州悠久的发展历史和厚重的文化积淀。

我们兰州是一个有着两千多年历史的城市，但是历史文化遗存又不多；我们在古丝绸之路上占有非常重要的地位，但是能够反映这一段历史标志性的东西又很少；我们历来是西部政治、经济、文化的中心，但文化汇集到我们这里的并不多；我们是黄河唯一穿城而过的城市，被誉为"万里黄河第一城"，可我们在全国的地位并不高。尽管兰州还不完美，但这座城市特有的魅力让人魂牵梦绕，难以割舍，和黄河息息相存。兰州是一座有温度的城市，因水而柔，因山而刚。黄河在中国人的眼中是民族精神的象征，雄壮浩荡。我是 20 世纪 70 年代出生的人，生在兰州，长在兰州，在我的记忆中，黄河水从无尽的远处流来，又向无尽的远方流去，势如巨龙，黄河水伴我长大。如今的兰州黄河两岸风光秀美，尤其是黄河风情线景区的建成，中山桥、白塔山的灯光秀如梦如幻，宛如画卷，让黄河波澜中透着静谧的韵味，流淌的黄河水缓缓地诉说着兰州的历史，让多少人驻足岸边思绪万千，每个人都想把这份记忆留住。这些年兰州的文化保护工程落地有声，成果喜人。我们编著的这本文集就是通过丰富的文物藏品，多样的展示手段，深度的研究挖掘为读者送去这份温馨的城市记忆。

《大河流韵——兰州市博物馆精品文物图文集》分三个章节，贯穿了兰州市博物馆基本概况、基本陈列展览的内容、馆藏精品文物的介绍、展览的形式手段、对文物的学术研究，以图文形式让大家了解了兰州市博物馆。重点以"大河流韵"精神为主线,从兰州五千年的文明讲起,通过彩陶文化的魅力,领略先民的文化生活气息;通过青铜文物的展示,了解兰州的民族文化交融;站在汉唐古道的展厅,印证丝绸之路经过兰州的史实;通过体验现代的展示方式,感受作为交通要塞的兰州城池烽火;移步明清风韵,揽金城沧桑,与一件件精美的文物对话,与一个个历史人物私语,梳理兰州悠久的历史、绚丽的文化,品读兰州特有的集民族、黄河、丝路于一身的文化结构所带给您的历史文化韵味,心中犹如大河之水延绵起伏。

据史料记载,兰州有上万年人类活动的历史,先民们为我们创造了灿烂多元的文化。以彩陶为标志的马家窑文化便是黄河文化的开始。距今4000年左右的羌戎部落形成了早期的农耕文化。秦始皇三十三年(前214年)秦帝国开始了兰州的建置史和城建史,汉族的前身——华夏族人口也在此时进入兰州,至今已有2200余年。西汉武帝时,随着汉匈战争的胜利,西汉在兰州一带先后设置金城县、金城郡,兰州古名"金城"即由此而来。西汉时的兰州是中原王朝保障河西、联络西域、疏通丝路的前沿基地,兰州的丝绸之路文化也因此发轫于秦汉而繁盛于隋唐。魏晋南北朝时期,兰州成为民族大融合的重要地区,多个民族在这里争夺,其中鲜卑族乞伏氏所建西秦政权立国都于金城。这个时期,随着法显西行、西秦凿窟,佛教盛行于金城,开始了兰州的宗教文化。隋开皇元年(581年)正式设置兰州,兰州因此而得名。隋唐时期,兰州成为丝绸之路东段中线的必经之地,商贾、使者、僧侣、军士、诗人往来东西,路经兰州,留下了丰富的文献记载、实物遗迹和优美诗篇。北宋时期,汉族的宋、党项族的夏在兰州以河为界,分而治之,兰州成为各民族间贸易的重要地区,这也是后世兰州成为全国茶马互市中心地区的开始。明代是兰州地域文化形成和发展的重要时期。明肃王移驻兰州带来繁荣景象,修建宫苑,扩筑城池;凿渠灌溉，发展农业；搭建浮桥，普及运输；兴文重教，名人辈出。兰州的城市建设、经济、交通、文化形成格局。清代是兰州地域文化发展的又一重要时期。政治上省会地位的确立和陕甘总督署移驻兰州，经济上农业、手工业、商业得到全面发展，晚清时期左宗棠先后在兰州创办机器局和织呢局，从此兰州有了工业文化。以黄河文化为内核，吸纳了丝绸之路文化、多民族文化、多宗教文化的兰州地域文化基本定型。

《大河流韵——兰州市博物馆精品文物图文集》借助精美的文物，讲述了兰州的历史和地域文化，有助于我们进一步宣传兰州，展示兰州文物藏品，树立文化自信；有助于让各方游客了解兰州灿烂的历史文化；有助于我们开展爱国爱乡教育，增强兰州人民热爱家乡的自豪感和使命感。

董亚莉

2020 年 12 月 2 日

目 录

第一章 博物馆陈列规模与特色……………………………1
  第一节 远古文明………………………………………4
  第二节 青铜文化………………………………………63
  第三节 汉唐要津………………………………………99
  第四节 宋元津城………………………………………137
  第五节 明清风韵………………………………………151
  第六节 庄严妙相………………………………………190

第二章 博物馆展示形式与功能……………………………211
  第一节 兰州市博物馆概要……………………………213
  第二节 创新陈展,让文物"活"起来…………………219
  第三节 聚焦新时代,提升博物馆公众影响力…………243

第三章 博物馆科学研究与成果……………………………257
  第一节 兰州市博物馆科学研究成果概述……………259
  第二节 兰州市博物馆学术论文摘选…………………279

后 记………………………………………………………355

辛店文化
THE XINDIAN CULTURE

辛店文化因首先发现于临洮辛店村而得名，距今约3400年—2800年。辛店文化是西北地区一支重要的文化遗存，主要分布在黄河上游及其支流湟水、洮河与大夏河流域。其经济生活以畜牧业为主，兼营农业，铜铸业又有较大的发展。器型有锥、斧、匕、凿和弧面斧。陶器以砂红褐陶为主，陶质粗糙，羼杂、火候较低。器表多饰无纹，有的施红色或白色陶衣。器型以罐为主，有鬲、盆、豆等。彩陶的数量较多，彩与陶胎结合不紧密，易脱落，多罐状凹底器。纹饰别具一格，笔触粗犷，以双钩纹、S纹、太阳纹、三角纹为主，还有少量的动物纹——犬纹、羊纹、鹿纹、蜥蜴纹等，反映了当时畜牧生活的特色。

The Xindian Culture, dating back to 3,400–2,800 years ago, is named after the name of the place where its site is first found at Xindian Village in Lintao County. The Xindian Culture, mainly distributed on the upper reaches of the Yellow River and valleys of its tributaries—the Huangshui River, the Tao River and the Daxia River, is one of the important cultural remains found in northwest China. The economy of the Xindian Culture period is dominated by animal husbandry and agriculture. Copper industry develops considerably, bronze wares unearthed until now are awl, spear, dagger, chisel and oval-shaped ornament. pottery wares unearthed are mainly Li, basin, pot and Dou made of sandy clay in reddish brown color and their inside walls are rough while outer surface smooth with polishing and covered by red or white coatings painted potteries mostly with circular-concaved bottom are in large number but the painting layer is apt to fall off easily because of the loose bonding between the paint and the roughcoat. The rugged-stroke patterns with scripts, four motifs are double-hook, S-shaped, sun, triangle and a few animal-type ones such as dog, sheep, deer and lizard reflecting animal-husbandry-dominated rural lifestyle of that time.

第一章 博物馆陈列规模与特色

为更好地弘扬祖国传统文化，更全面地反映兰州与中原及河西地区政治、经济、军事、文化等方面的联系，突出兰州在中外经济、文化交流中所起的作用，兰州市博物馆以馆藏的各类文物为依托，发掘馆藏文物的文化内涵，从展览内容、形式上全面提升基本陈列的档次和水平，力争以更全面、更新颖的内容和形式向观众展示兰州地区的文化和历史风貌，为宣传兰州地区灿烂的古代文明，保护兰州地区丰富的文物古迹，普及文物知识，为我市的文化建设和精神文明建设做出新的贡献。

兰州古称"金城"，是一座历史悠久、文化多元、古迹荟萃的名城。自新石器时代以来，彩陶文化、丝路文化、宗教文化、茶马文化、多民族文化以及近代西方文化等承托了兰州厚重的历史文化信息，形成了多民族、多地域的独特文化风格。沧海桑田，丰富的文化遗产成为兰州历史文化变迁的佐证。为给观众提供和谐的参观环境，兰州市博物馆加大了接待配套设施增设力度，投入了大量的人力、物力、财力，对基本陈列从内容到形式以及公共服务设施进行了进一步的改造提升。经过改造提升，整个展馆在确保每个单元文物展品数量的前提下，适时运用影视、多媒体及全息展示手段，声光色相互配合，以现代的展览手段展示传统的文化，增强展览的观赏性与趣味性。同时在展览中还利用科技手段制造"伏笔与心理起伏"，引导观众饶有兴致地进行下一步的参观，淡化传统展览设计中"展线"的概念，使观众有"不虚此行"的观赏体验。

改造提升后的基本陈列，将根据各展馆陈列体系和内容，对展示内容的布局进行合理划分，力求营造地域性的环境氛围：突出主题、创意新颖，具有互动性和参与性，在短暂的瞬间获得深刻难忘的印象，激发起观众强烈的兴趣。同时注重氛围的烘托，充分做到疏密得当、主次分明。对重点部位采用尖端技术，进行特殊点缀处理。在陈列展示设计方面，采用了现代化全息多媒体演示技术、数码技术等实现展品的逼真展示效果，从而使现代高新技术在展示设计中得到充分应用，使整个展区能够体现出现代高科技、新技术、新理念的含金量，具体体现为：1. 对展区的展线进行合理布局，对各展室的室内进行恰如其分的装饰设计，实现内容与形式的高度统一。2.对各展厅室内的地面、展墙、展柜、场景演示设施等进行着重设计，使这些辅助设施能够满足陈列内容的需求。3.灯具及各系统工程的点位将随展品的陈列节奏、景观效果进行有序的排布和定位。各展厅的装饰材料、材质及颜色在统一风格的基础上，做细微的变化和区别。

在展线的设计上，按照从左往右的原则，从西面展厅进入，沿中轴线行进，穿过中庭到东面展厅参观，再到南面展厅出来回到大门口，形成完整的参观路线。其中，局部展区为体现空间的纵深大气，将展厅按照时代章节划分成段落式空间，使展线局部小范围地迂回，目的是体现大气的同时尽可能减少回头路线。

另外，庭院内的文化元素也将作为展览内容的一部分，同时增设与兰州文化有关的历史浮雕，以丰富庭院内文化内容。

根据兰州市博物馆文物藏品的实际情况改造提升后的基本陈列，在内容上共分五个单元。各单元之间尽可能地按历史发展顺序进行衔接，使观众的参观路线和参观内容相对完整。

第一节 远古文明

兰州地区是中国远古文明的孕育地之一。早在数万年前，就有先民繁衍生息，在西固区、榆中县均发现过旧时器晚期人类生活的遗迹。新石器时代，以马家窑文化为代表的史前文化成为兰州地区的主要文化，它以优美的造型、绚丽的纹饰将兰州史前文化推到了高峰。

马家窑文化是我国新石器时代晚期黄河流域上游地区的一支古文化遗存，从距今5000多年开始，到距今4000多年结束，持续时间长达1000多年。马家窑文化的彩陶具有显著的地方特征和很强的独立性，其分布遍及省内的许多地区，尤以兰州地区最为集中。在兰州市辖的三县五区内，该文化的遗存非常丰富，丰富的文化遗存使兰州地区成为了该文化分布的中心区域。

马家窑文化包括马家窑、半山和马厂三个文化类型，各文化类型在内涵上有相同之处，彩陶器形与纹饰上有明显的承袭关系，但也存在着很大的区别和差异。

一、马家窑类型

马家窑类型就其时间而言应为马家窑文化的早期阶段。该类型在兰州附近的黄河、大通河、庄浪河沿岸有较多的分布。在兰州地区经过正式发掘的主要遗址有曹家嘴和王保保城遗址。20世纪80年代，全市文物普查时在市内各区及榆中、永登等地又发现了一些新的遗址。马家窑类型的彩陶从出土器物及所采集的标本看，多以橙黄色细泥陶为主，制陶方法主要采用泥条盘筑法和捏制法，器表一般打磨得很光滑，彩陶器形数量最多的是长颈瓶。盆和钵的腹部较浅，口沿齐平或稍向外卷，壶和瓶多细颈宽肩，最大径在上腹。马家窑类型的彩陶，形体都比较瘦长，长颈深腹的器形较多。在图案彩绘上普遍采用单一的黑彩，漆黑发亮。装饰纹样以旋纹和弧线纹为主，线条粗健古朴，装饰题材多以反映河水奔流不息、涡深流急、波涛汹涌的气势为主，布局合理。这一时期彩陶图案在绘制技法上多采用定位法，构图方式多采用二方连续图案，也有少量的四方连续图案。装饰图案以鸟纹、勾叶圆点纹、弧边三角纹、带状网纹、旋涡纹及旋纹较为多见。构图方式巧妙，具有旋动的特点，或往来反复，或盘旋回转，或交错勾连，旋动格式丰富多样，变化无穷。图案彩绘技法娴熟，线条流畅自然，多层次及对称装饰开始出现在器物上。内彩极为发达，繁花似锦，引人注目。至晚期白彩出现，并作为点缀出现在器物上，但不是很普遍。器形制作很规整，以盆、钵、壶、瓶较多见，晚期出现豆与单耳瓶等器形。

同心圆纹圆点纹双耳彩陶瓶

马家窑类型

旋涡纹双耳彩陶壶

马家窑类型

变体鸟纹内彩钵

马家窑类型

水波纹内彩盆

马家窑类型

旋涡纹内彩陶勺

马家窑类型

黑白彩同心圆纹双耳彩陶瓮

马家窑类型

垂弧纹曲腹钵

马家窑类型

旋涡纹三联彩陶杯
马家窑类型

旋涡纹蛙纹内彩盆
马家窑类型

水波纹内彩盆

马家窑类型

变体鸟纹内彩钵

马家窑类型

同心圆纹内彩盆

马家窑类型

高10.7厘米。泥质橙黄陶，敞口，卷沿，平唇，腹微向外膨圆，腹下内收，平底。器表纹饰以单一的黑彩绘制，平唇之上绘六组弧线及竖线纹，器内壁绘三道均匀的同心圆纹及勾叶纹。该器物制作精致，器形规整，图案简洁大方，是同类器物中较少见的精品。

旋涡圆点纹彩陶瓮

马家窑类型

平行线纹变体鸟纹彩陶壶

马家窑类型

变体鸟纹内彩钵

马家窑类型

变体鸟纹内彩盆

马家窑类型

同心圆纹点状纹双耳彩陶瓮

马家窑类型

平行条带纹变体人纹双耳彩陶壶

马家窑类型

圆圈网格纹双耳彩陶壶

马家窑类型

圆圈网格纹单耳彩陶罐

马家窑类型

复线"X"纹网格纹双耳彩陶瓶

马家窑类型

双手抱物内彩盆

马家窑类型

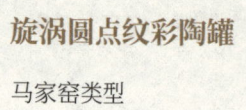

旋涡圆点纹彩陶罐

马家窑类型

同心圆纹弧线纹双耳彩陶壶

马家窑类型

弧边三角纹圆点纹彩陶罐

马家窑类型

二、半山类型

半山类型是马家窑文化进入中期阶段的文化类型。其分布不仅在甘肃省内非常广泛,而且在兰州地区遗留的遗址、墓葬也非常丰富,以兰州市内各区及榆中、永登县最为集中。20世纪70年代甘肃省博物馆等单位对市区内的青岗岔和花寨子等遗址进行了发掘,出土了大量的彩陶,使我们对这一文化类型的彩陶有了进一步的认识。半山类型的彩陶在数量上明显增多,彩绘技法更加多样化,对称、等分、间隔等技法在器物上普遍运用,色彩亮丽、层次分明、主题突出,器物造型饱满、图案配置合理、构图设计严谨规整,不论从哪个角度观察,都能够观赏到完整而华丽的画面。半山类型彩陶将器形与纹饰完美结合,将马家窑文化彩陶艺术推到了鼎盛时期。

半山类型的彩陶器物较马家窑类型更加丰富,大器增多,以壶、瓮等器为常见。装饰题材也更加广泛,二方连续图案和锯齿纹已成为彩陶的主要特征,红彩开始出现,而且比例增大,彩陶图案以黑、红彩相间绘制成为主流,多组合纹饰增多。彩陶图案鲜艳亮丽,并富于变化,彩绘的手法是以红彩为基线,黑红彩相间绘制图案。带锯齿纹的图案,锯齿纹通常绘在黑彩带上,齿尖朝向红彩带,以此组成多种多样的几何形花纹。由红、黑彩带组成的图案和陶器底色相映衬,形成了三色交织的斑斓画面。常见的纹饰有旋涡纹、葫芦形纹、圆圈纹、三角纹、半圆纹、菱形纹、叶纹、网格纹、平行条纹、波折纹等。葫芦形纹、圆圈纹二方连续展开的宽幅纹带,一般为四个单元,在每个单元内填有不同花纹,如网格纹、十字纹、井字纹等。图案设计严谨规整,绘在陶器器腹上部,不论正视还是俯视,都能给人一幅完整而美丽的画面,展现了较佳的艺术效果。旋涡纹、葫芦形纹、圆圈纹等纹饰都很丰满,并且一丝不苟,反映出画工的刻意追求,是该类型的代表性花纹。这时期的神人纹已摒弃了马家窑类型的写实手法,转向写意和图案化。至半山类型晚期,彩陶纹样出现了很大的变化,中期多见的二方连续旋涡纹逐渐演变成四大圆圈状花纹,锯齿纹开始渐渐消失。壶、瓮等器的最大径开始上升,越晚显得越上,给人一种头重脚轻的感觉。彩陶器的胎体处理开始显得粗糙,装饰图案也呆板粗简,已失去了中期华丽夺目的风采。

旋涡锯齿纹双耳彩陶瓮

半山类型

高33厘米。泥质橙黄陶,侈口,短颈,斜肩鼓腹,平底,双腹耳。器表打磨得很光滑,以黑、红彩间绘图案,主题纹饰位于肩、腹部,为四方连续旋涡锯齿纹。器形高大,丰满敦实,彩饰绚丽清晰,在同类器物中较少见。

葫芦网纹双耳彩陶罐
半山类型

锯齿边菱形纹双耳彩陶罐
半山类型

旋涡锯齿纹双耳彩陶壶

半山类型

葫芦网纹双耳彩陶壶

半山类型

旋涡锯齿纹双耳彩陶壶

半山类型

高38厘米。泥质橙黄陶，圆唇，口沿微外撇，颈较高且直，圆肩鼓腹，腹下内收，平底，口沿及腹部分别有对称的小鸡冠耳和半环耳。器表图案用黑、红彩相间绘出，颈为网格纹；肩、腹部饰四大圆圈纹，圈内填菱形网纹和圆点纹。器形高大，制作精细，是该类型晚期具有代表性的器物。

葫芦网纹双耳彩陶壶

半山类型
七里河区牟家坪出土

高 26.8 厘米。泥质橙黄陶,直颈,斜肩,鼓腹,平底,口沿、腹部分置对称的耳錾及半环耳。器表施彩至腹下部,图案以黑、红彩相间绘制。颈部以黑彩绘大三角纹;肩、腹部以黑、红彩相间绘六组葫芦网纹,间以竖线锯齿纹相隔。器表打磨光滑,彩饰清晰,画工精细,是该类型的精品之作。

旋涡锯齿纹双耳彩陶壶

半山类型

高37厘米。泥质橙黄陶，口沿微外撇，径较高且直，圆肩鼓腹，腹下内收，平底，口沿外侧及腹下部分置对称的耳鋬及半环耳。黑、红彩相间绘图案，颈饰两条平行的大锯齿纹；肩、腹部饰以二方连续旋涡锯齿纹，内填平行锯齿纹。器形饱满，纹饰清晰并富于动感。

三角网格纹双耳彩陶鼓

半山类型
永登县河桥镇乐山坪出土

同心圆纹双耳彩陶鼓

半山类型
永登县河桥镇乐山坪出土

双耳红陶素面鼓

半山类型
永登县河桥镇乐山坪出土

垂弧锯齿纹敛口彩陶罐

半山类型

旋涡锯齿纹双耳彩陶壶

半山类型

高 37 厘米。泥质橙黄陶，小口，高直颈，圆肩鼓腹，腹下内收，平底，腹置对称的半环耳。黑、红彩相间绘图案，颈部饰平行锯齿纹；肩、腹部以连续旋涡锯齿纹装饰。器形规整，色彩绚丽。

垂弧锯齿纹高低耳彩陶壶
半山类型

垂弧锯齿纹单耳彩陶壶
半山类型

贝形纹双耳彩陶罐

半山类型

菱格纹双耳彩陶罐

半山类型

连弧纹双耳彩陶壶

半山类型

菱格纹双耳圈足彩陶罐

半山类型

垂弧纹双耳彩陶罐

半山类型

垂弧纹网格纹双耳彩陶罐

半山类型

垂弧锯齿纹单耳彩陶壶

半山类型

高 14.5 厘米。泥质橙黄陶,侈口,长颈,斜肩鼓腹,平底,颈肩结合处置一半环耳。器表以黑、红彩间绘图案,颈饰网格纹;肩、腹部饰垂弧锯齿纹。施彩流畅自然,简洁明快。

锯齿边菱形纹高低耳彩陶壶

半山类型

高 22.6 厘米。泥质橙黄陶，口微侈，颈较高且直，斜肩鼓腹，平底。在器物的颈肩接合处及腹部各置一半环耳。颈部饰黑彩平行锯齿纹两周；肩、腹部以黑、红彩间绘菱形纹，其间以"十"字纹填充。器形很规整，器表打磨非常光滑，纹饰爽利美观。

圆圈网纹旋涡纹双耳彩陶壶
半山类型

五大圈内圆点网格纹鸟形壶
半山类型

平行线圆点纹单耳彩陶壶

半山类型

竖线锯齿纹单耳彩陶杯

半山类型

横竖线锯齿纹双耳彩陶壶

半山类型
城关区营盘岭出土

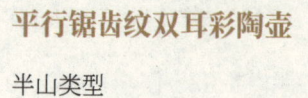

平行锯齿纹双耳彩陶壶

半山类型

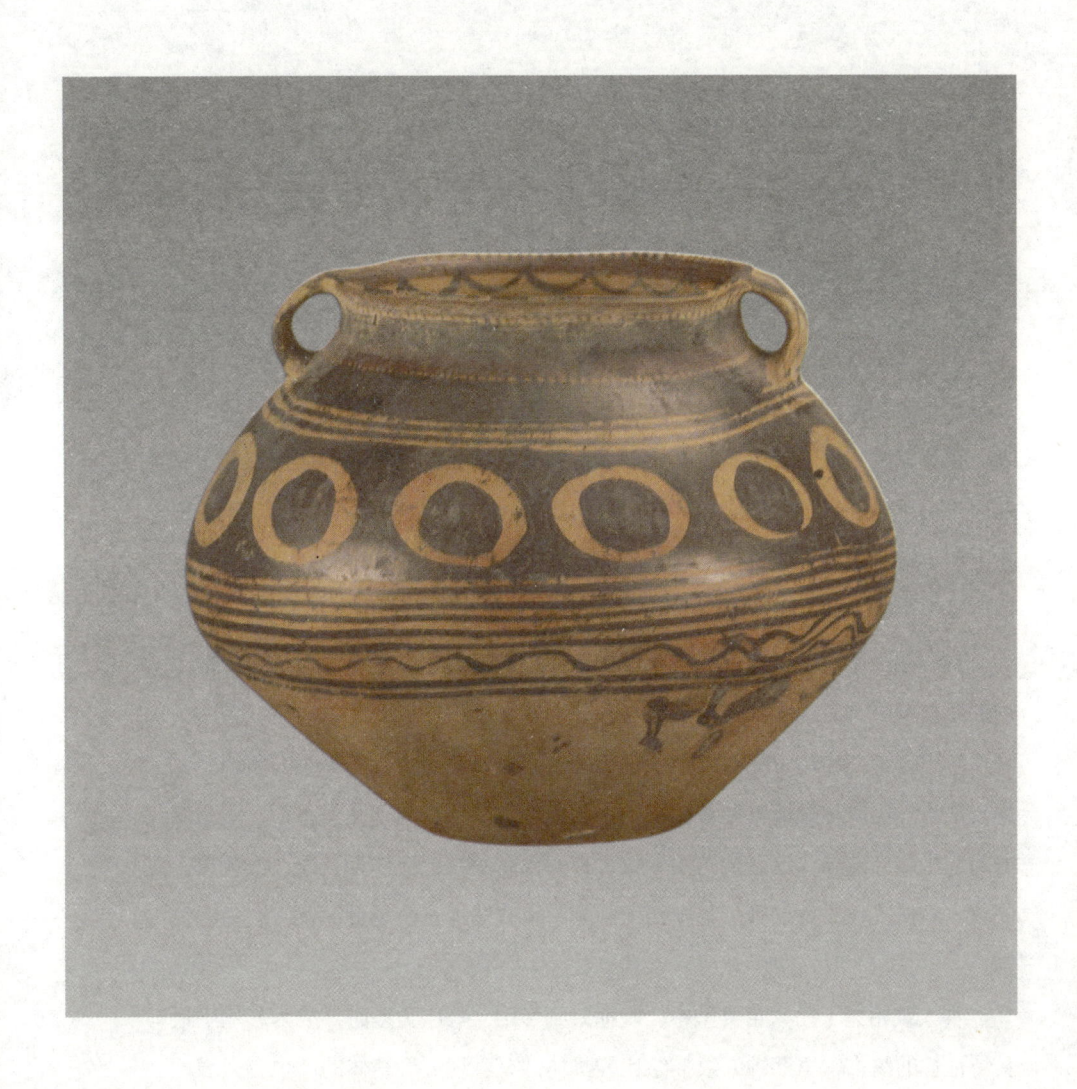

圆圈纹双耳彩陶罐

半山类型

高7.5厘米。泥质橙黄陶，侈口，束颈，斜肩鼓腹，平底，口沿至肩置半环耳。黑、红彩绘图案，口沿内侧绘红彩宽带纹，其下缀以黑彩连弧纹；外侧自肩以上用黑、红彩间绘宽带锯齿纹，腹部以黑彩绘圆圈纹、弦纹。器表打磨非常光滑，做工非常精细。

三、马厂类型

马厂类型是马家窑文化发展到晚期阶段的一个文化类型。在马家窑文化的三个文化类型中，马厂类型分布范围最广，出土器物数量最多。马厂类型的遗址、墓葬在兰州地区的分布也非常多，市属的八个县区几乎都有遗迹存在，相对而言仍以榆中县、永登县和红古区最为集中。虽然分布范围扩大了，遗迹遗物更加丰富了，但从总的发展趋势看，这一时期彩陶文化已开始进入衰退阶段，器形制作更显粗糙，图案装饰也更加简单、抽象，结构变得松散、潦草。

马厂类型的彩陶，早期虽然还保留着半山彩陶的华丽风格，但已有了许多的创新与发展，表现手法开始多样化，并形成了粗犷豪放的艺术风格。至中、晚期，出现了在胎体上先着红色或白色陶衣，然后在其上绘制图案的装饰。这种技法虽然可以起到掩饰胎体粗糙的作用，但主要还是为了突出主题，增强彩陶的艺术装饰效果。这时期的主要纹饰有四大圆圈纹、变体神人纹、波折纹、回纹、菱格纹和三角纹等，其中四大圆圈纹和变体神人纹是贯穿始终的主题纹饰。

神人纹始见于马家窑类型中、晚期，到半山、马厂类型时，成为彩陶中最具特征性的纹饰。早期神人纹描绘比较具体，有表现人形整体的，也有只表现面部的。半山类型时期，神人纹比较抽象，将头画成圆形，躯体和四肢用红、黑相间的带纹、折带纹表示。虽然比较抽象，但身体的比例协调。越晚神人纹出现的变异越大，发展到马厂类型时期，神人纹演变得更为抽象，有的仅以局部的变体纹样表现，完整的神人纹已少见，大多以各种变体形式出现，代表头部的圆圈省略，以罐口或壶口代表，在器物上腹部只绘肢体，下肢由两节变为三节。后来连代表身体的宽带也被省略，演变为肢爪纹和三角折带纹，最后神人纹演变成了几何纹样。

神人纹双耳彩陶壶

马厂类型

神人纹双耳彩陶罐

马厂类型

神人纹双耳彩陶罐

马厂类型

神人纹双耳彩陶壶

马厂类型

宽带折线纹双耳葫芦罐

马厂类型

折线纹单耳鋬彩陶壶

马厂类型

神人纹双錾内彩盆

马厂类型

折线纹单耳錾彩陶壶

马厂类型

贝形纹双耳彩陶壶

马厂类型

肢爪纹双耳彩陶罐
马厂类型

肢爪纹双耳彩陶罐
马厂类型

回纹双耳彩陶壶

马厂类型

回纹双耳彩陶罐

马厂类型

肢爪纹双耳葫芦罐

马厂类型

折线纹双耳彩陶壶

马厂类型

宽带折线纹单耳鋬长颈彩陶壶

马厂类型

内彩回纹双耳盆

马厂类型

在马家窑文化中，旋纹与四大圈纹存在着一定的演变关系。旋纹一般以四个旋心为中心，旋纹均做逆时针方向旋转。旋纹在马家窑类型中已经出现，到半山类型时期成为彩陶的主要纹饰之一。马家窑类型早期的旋纹，旋心很小，在器物上以二方连续图案出现，无附加纹饰，结构简单，旋心内饰圆点。至半山时期，旋纹的旋心有逐渐放大的趋势，而且在旋心中多填饰纹样，以十字纹、三角纹、圆点纹等较为常见；半山类型晚期，旋纹层次变得复杂，旋线简单，旋心变得更大，内饰各种精细、复杂的花纹，旋纹随着旋心的放大，旋线逐渐消失。到马厂类型时期，旋纹的旋线彻底消失，演变成为四大圆圈纹。

四大圈内填圆圈网纹双耳彩陶罐
马厂类型

四大圈内菱格点纹双耳彩陶壶

马厂类型

鱼鳞纹双耳彩陶罐

马厂类型

四大圈内填几何纹双耳彩陶壶

马厂类型

四大圈纹双耳彩陶罐

马厂类型

几何纹单耳鋬彩陶壶

马厂类型

内彩折线纹四系盏

马厂类型

串贝纹双耳彩陶罐

马厂类型

内彩折线纹高足豆

马厂类型

内彩菱格纹圈足豆

马厂类型

竖折线纹双耳高圈足豆

马厂类型

双錾犬钮彩陶盖罐

马厂类型

菱形网纹双耳彩陶盆

马厂类型

圆圈网纹双耳彩陶罐

马厂类型

平行宽带纹单耳彩陶罐

马厂类型

菱形网纹双耳彩陶罐

马厂类型

圆圈网纹菱格纹双耳彩陶罐

马厂类型

折线纹双联罐

马厂类型

折线纹双耳彩陶壶

马厂类型

蛙口双耳夹砂罐

马厂类型

石护臂

马厂类型
兰州市榆中县小康营乡董家湾出土

长11.8厘米，口径6.7厘米。石质，呈白色。体呈圆筒状，中空，中部微向外鼓，素面。从造型上看，可能是戴于小臂之上，用以装饰和防护。

石 磬

马厂类型
兰州市榆中县连搭乡代家窑村出土

青石质，重15.4千克，原始打击乐器之一。有磨制痕迹，体大致呈梯形，上部近边缘处有一穿，系穿绳悬挂之用，通体素面。虽在边缘有多处剥落，但击之仍发出清脆悦耳的声音。它的出土为我们进一步研究原始音乐的发展提供了宝贵的实物资料。

石磬简称"磬"，是一种板制体鸣击奏乐器，在中国古代的音乐生活中占有重要的地位。磬的历史非常悠久，新石器时代就已进入人类的生活。当时人们以渔猎为生，劳动之余敲击着石头，装扮成各种形象跳舞娱乐，这种敲击的石头逐渐演变为后来的打击乐器——磬。研究石磬的起源与用途，对了解中国远古的音乐非常重要。

第二节 青铜文化

夏商周时期，兰州地区曾是羌、戎族居地。虽然华夏已进入青铜文明时代，但相对于中原地区，兰州仍处于落后的原始阶段，陶、铜并用是这一地区在这一时期的显著特点。这一时期兰州地区的青铜文化有齐家、辛店、寺洼等地方文化类型，发现了各类房址、墓葬、窖穴等遗存，出土了大量具有代表性的珍贵文物。青铜器出土比较少，多为工具和装饰品，陶器以砂质红陶或砂质棕陶数量较多，表面多饰绳纹和彩绘，并有一些附加堆纹、篦点纹、弦纹与刻画纹。彩陶多用黑色彩或红色彩在红陶或橙黄陶器表面绘制出条带纹、折线纹、三角纹、S形纹、人字纹、方格纹、双勾纹、菱形纹、锯齿纹和动物图像等。通过器物研究，可以看出这些地方文化与周边其他民族文化有着广泛的相互交流和融合。

一、齐家文化

在马家窑文化衰退的同时，齐家文化开始兴起，并最终取而代之。齐家文化的分布范围极为广泛，横跨甘、宁、青三省区，距今4100—3700年。齐家文化的陶器独具特色，制陶业比较发达，制陶技术仍以泥条盘筑法手制为主，部分陶器经慢轮修整，有一些陶罐的口、颈尚留有清楚的轮旋痕迹。陶质有泥质红陶、橙黄陶、灰陶和夹砂红陶。陶质细腻，器形丰富，主要有鬲、罐、斝、盉、杯、盘、豆、碗和瓮等。其中最具时代特征的是双大耳罐、三大耳罐和双耳侈口高领罐等。彩陶数量较少，种类也不多，所发现的彩陶，均以红褐色为主，纹饰以几何纹为主，主要有菱形网纹和三角纹，图案简单疏朗。砂质陶器表面多施绳纹，泥质陶器表面多施篮纹，并有一些划纹、弦纹、箆纹、锥刺纹、小圆圈纹、附加堆纹与镂孔等。这一时期，铜器大量出现，说明当时冶铜业有了迅猛的发展，但从出土的情况看，仍以小件的生产、生活用具为多，表明当时的铜器是一种小规模的简单的家庭作坊制作。

齐家文化处在黄河农业文化与北方草原文化的接合部，齐家文化分布的区域又是中亚文明与华夏文明沟通、交流的必经地带，各种类型、各种性质的文化在这一区域传播、接触并交汇，这不仅促进了齐家文化的昌盛，也使齐家文化内涵中吸收、渗透了许多他种文化的性质。由于地理环境的急剧恶化，齐家文化很快消失。之后这一地区便成为游牧民族的游牧之地，少而分散的游牧文化成为兰州地区的文化特征。

双大耳双联罐

齐家文化

几何纹双耳彩陶罐

齐家文化

青铜刀削

齐家文化

红彩同心圆纹复线"X"纹彩陶壶

齐家文化

细泥红陶盉

齐家文化

红彩折线纹双耳圜底罐

齐家文化
榆中县出土

高25厘米，口径10.5厘米。泥质橙黄陶，敞口，斜直颈，圆腹下垂，圜底，双肩耳。口沿至近底处施彩，主题纹饰为红彩绘的竖线纹。纹饰线条均匀流畅，器形规整，是该文化的典型彩陶。

高领折肩双耳瓶

齐家文化

双大耳细泥红陶罐

齐家文化

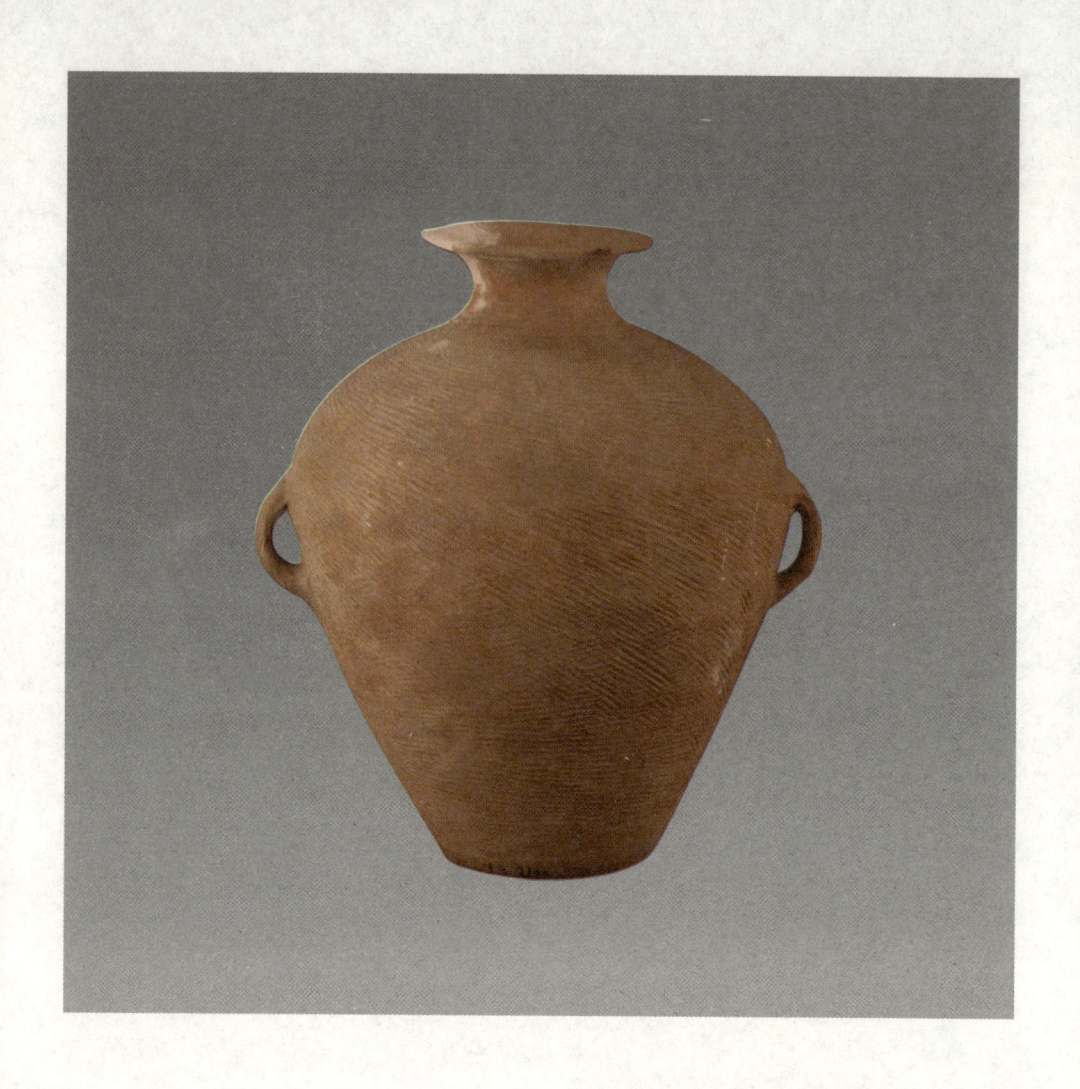

篮纹撇口双耳陶壶

齐家文化
兰州市城关区营盘岭出土

高 35.6 厘米。泥质橙黄陶，侈口，束颈，圆肩鼓腹，腹较深，平底，双腹耳。器体通体压印篮纹。形体较大，装饰朴素大方。

双大耳细泥红陶罐

齐家文化

高10.3厘米。细泥红陶,大敞口,粗长颈,器腹较小,双大耳。通体素面。造型小巧精致,打磨光滑,特征明显。

三角网纹双耳罐

齐家文化

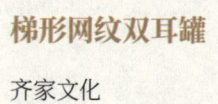

梯形网纹双耳罐

齐家文化

细泥红陶尊

齐家文化

篮纹夹砂敞口红陶瓮

齐家文化

双鋬灰陶素面盖罐

齐家文化
榆中县白虎山出土

细泥红陶拍

齐家文化

二、辛店文化

辛店文化是继齐家文化之后在西北地区形成的一支牧猎部族文化，所处时间相当于商代中期至西周晚期阶段。因首先发现于临洮辛店村（本名辛甸村，由瑞典考古学家安特生发现，后中文出版物译为"辛店"，按约定俗成的原则再未更正，便一直称为辛店文化）而得名，距今约 3400 年—2800 年。辛店文化是西北地区一支重要的文化遗存，分布范围比较广泛，主要分布在黄河中上游及其支流湟水、洮河与大夏河流域。因地域的不同，辛店文化也表现出了各自不同的变化和特色，从类型上可分为：山家头类型，主要分布在黄河及其支流湟水、洮河的交汇地带，向东可达渭河中上游；姬家川类型，主要分布在洮河、湟水流域及黄河沿岸；张家嘴类型，分布区域更加偏西，已达湟水中上游，时代也更晚。辛店文化时期制陶业比较发达，陶器以夹砂红褐陶为主，胎质中夹有石英砂、碎陶末、蚌壳末等掺合料，陶质粗糙、疏松，火候较低，器表多磨光，有的施红色或白色陶衣。器类比较齐全，器形比较丰富，器形以罐为主，鬲、盆、壶、豆、盉、尊、盂等也比较常见。辛店文化的装饰手法多样，夹砂器物装饰有绳纹、刻画纹和附加堆纹等。彩陶前期较少，后期数量增多，彩陶纹饰以黑彩为主，笔势疏放，不拘细节，由于彩绘与陶胎结合不够牢固，所以纹饰易脱落。彩陶装饰题材喜用双勾纹、S 纹、太阳纹、三角纹、涡形纹和植物纹，也有少量的动物纹——犬纹、羊纹、鹿纹、蜥蜴纹等。虽然动物纹样多饰于主题纹饰的空白处，但这也反映了辛店文化时期畜牧生活的特色。

双勾纹双大耳三足彩陶罐

辛店文化

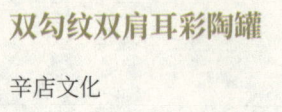

双勾纹双肩耳彩陶罐

辛店文化

回纹横"S"形纹双腹耳彩陶瓮

辛店文化

双勾纹双腹耳圜底彩陶罐

辛店文化

双勾纹双肩耳彩陶罐

辛店文化

双勾纹动物纹双腹耳彩陶罐

辛店文化

竖线纹双肩耳彩陶罐

辛店文化

双勾纹双肩耳彩陶罐

辛店文化

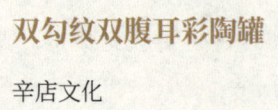

双勾纹双腹耳彩陶罐

辛店文化

植物纹双腹耳彩陶罐

辛店文化

植物纹双腹耳彩陶罐

辛店文化

大三角纹双鋬罐

辛店文化

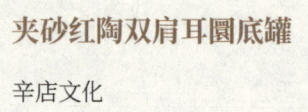

夹砂红陶双肩耳圆底罐

辛店文化

三、寺洼文化

寺洼文化因最初发现于甘肃临洮寺洼山而得名，距今约 3400—2500 年，大致相当于商代中期至春秋中晚期。寺洼文化分布较广，其中心区域洮河中游和泾、渭水及西汉水流域，遍布于兰州以东的甘肃中部、东部和南部地区。寺洼文化虽然是西北地区青铜时代的一种文化，青铜器的生产和使用有所扩大，但陶器的制作和使用仍是这一文化的主流。寺洼文化的制陶业有一定的规模，器物造型与装饰呈现出独特的风格，和相邻诸青铜文化的陶器有明显的区别。陶质大多都为夹砂红褐陶或灰褐陶，胎质粗糙松散，喜掺细陶末、沙粒和云母片，多手制，采用泥条盘筑法，有的在口、颈部经慢轮修整。由于火候不稳，器表颜色驳杂不纯，常间有灰黑或砖红色斑痕，以素面器为主，部分器物饰有拍印绳纹、刻画纹和附加堆纹，常见在器表颈肩部饰"一"字、"人"字或带状的附加堆纹等。陶器器形不多，主要有双耳罐、单耳罐、侈口罐、三足小鼎、分挡鬲、杯、豆、纺轮等，以马鞍形口的双耳罐最具特色。

灰陶双耳马鞍口罐

寺洼文化

夹砂红陶双耳马鞍口罐

寺洼文化

一字附加堆纹双耳夹砂马鞍口罐

寺洼文化

一字附加堆纹双耳夹砂马鞍口罐

寺洼文化

人字附加堆纹夹砂红陶双耳马鞍口罐

寺洼文化

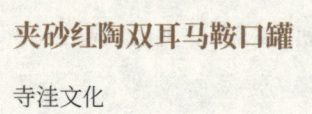

夹砂红陶双耳马鞍口罐

寺洼文化

夹砂红陶双耳马鞍口罐

寺洼文化

夹砂红陶双耳马鞍口罐

寺洼文化

夹砂红陶双耳马鞍口罐

寺洼文化

四、西周、春秋战国时期

　　自西周以来，中原地区早已跨入文明的大门，而兰州地区同甘肃西部大部分地区一样，仍属于羌戎游牧部族聚居地，生产力低下，社会进程相对滞缓，虽然经过几支具有地域特色的青铜文化的发展，但最终未能形成融合诸文化类型跨入文明时代的强势共同体。经过春秋、战国的兼并战争，于秦始皇三十三年（前214年），兰州才纳入中原王朝的版图，并加快了社会前进的步伐。

铜銮铃

西周

西周青铜盉

通高 22.5 厘米,铜质。侈口,束颈,垂腹,圜底,下承三棱锥足,足外撇。兽首鋬,有盖,器盖与器身套铸在一起,肩部有柱状流。器表纹饰位于盖上、颈部和流部,盖上及颈部饰一周夔涡纹,并以云雷纹衬底,流上以蕉叶纹装饰。在鋬处的器壁上有铭文,为"□□祖癸乙"五字。

青铜盉是水器,也作为温酒器使用。青铜盉自商代出现以来,一直沿用至春秋战国时期。盉的基本形状为有流、鋬、三足或四足,带盖。大约到春秋晚期出现了提梁盉。

西周青铜鼎

通高25厘米,敛口、平唇、鼓腹,最大腹径位于下腹部,圜底,下承三柱足,鼎耳立于平唇之上。鼎外壁近口沿处有图案装饰,图案以六个对称的圆涡纹为基点,把图案带分成六组等距离的区间,然后填饰云雷纹衬底的夔纹,图案简洁明快,庄重大方。青铜鼎是青铜器中主要的烹饪器,多用以烹煮肉食,鼎是祭祀和宴飨等重大活动中常用的礼器,一般分为圆形和方形两种。青铜鼎最早出现于商代早期,一直沿用到两汉,魏晋时仍有少量遗留,它是青铜器中使用时间最长的一种。

西周青铜觯

高12厘米。侈口,束颈,垂腹,圈足高而外撇,有盖。盖与颈部饰云纹各一周。纹饰简洁,造型古朴。

西周青铜甗

通高 37 厘米，铜质。甗由两部分组成，上部为甑，下部为鬲，两部分之间有箅以通蒸汽。甑为侈口，腹壁斜直，腹较深，两耳直立于器口沿上，颈部饰细兽面纹；鬲为分裆，下有蹄形足。鬲腹圆鼓，饰三组大的兽面纹。兽面纹的口、耳、眼极为分明。甗是一种炊蒸器。青铜甗在商代早期出现，但数量很少，到商晚期有所增加。商甗多为甑鬲合铸，连为一体。西周时期，除了圆甗，还出现了方甗。并开始出现甑鬲分体的甗。到春秋以后，铜甗无论方圆，几乎全为分体式，甑底开孔为箅，使用时套合。

骨笄

春秋时期

青铜剑

春秋时期

带盖铜鼎

战国时期

高15厘米。铜质。弇口,有盖,盖上等距离置三环形钮。双附耳,耳外侈。扁圆腹,圜底,下承三矮蹄足。制作较规整,做工较精细。

附耳铜盖鼎

战国时期

高16.6厘米。铜质,有盖,盖上有三个环状钮。口沿外侧有双附耳,附耳外侈。鼎腹为扁圆形,腹中部饰一圈凸弦纹,下承三蹄形足。

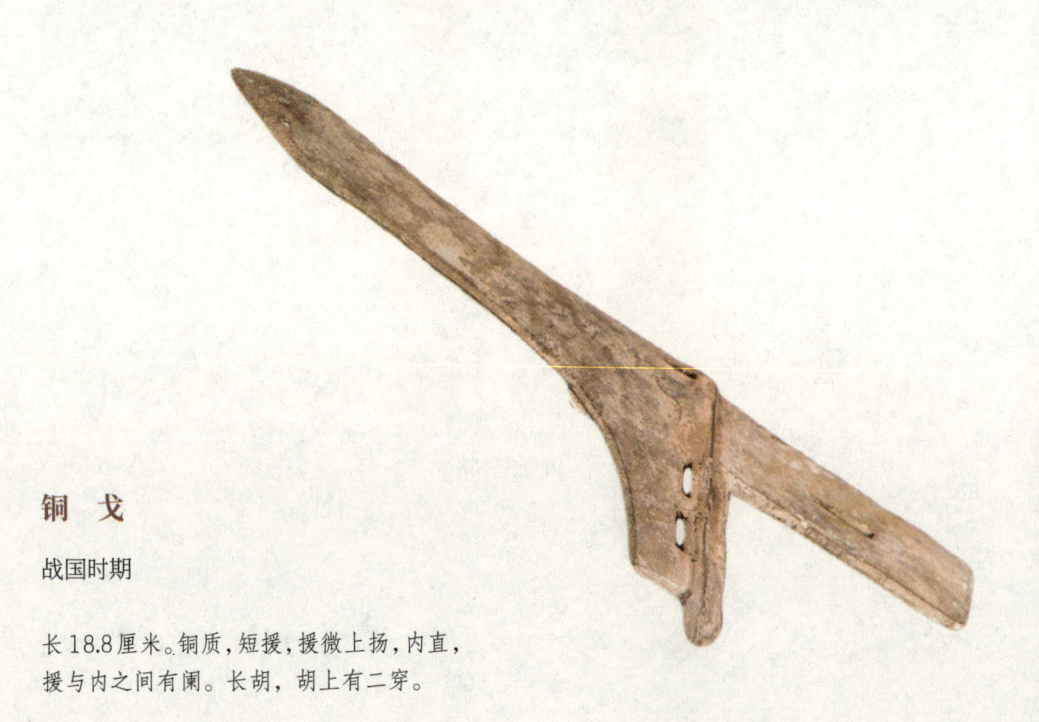

铜 戈

战国时期

长18.8厘米。铜质,短援,援微上扬,内直,援与内之间有阑。长胡,胡上有二穿。

铜　剑

战国时期

铜车害

战国时期

蟠螭纹铜镜

战国时期

错银铜带钩

战国时期

第三节　汉唐要津

公元前221年，秦并六国，建立了中国历史上第一个统一的中央集权制封建国家。秦始皇三十三年（前214年）设榆中县（今兰州东），与匈奴隔河相峙，这是兰州最早的历史建置。汉武帝元狩二年（前121年）首设金城县（今西固区）。汉昭帝始元六年（前81年）设金城郡，成为经营河湟控扼西域的战略要地。魏晋时期，金城已有粟特人的聚落，辟有葡萄园，建有火袄祠。晋代高僧法显、智猛等先后途经此地去印度取经。十六国时期，这里先后为前凉、前秦、后凉、南凉、后秦、西秦所居。到北魏孝明帝时复置金城郡。隋文帝开皇元年（581年），以皋兰为州名，始设兰州，后改称金城郡。唐乾元元年（758年）复置兰州。唐代高僧玄奘、玄照等人西去印度求取真经时曾途经兰州，再渡河西去。唐广德元年（763年），吐蕃占领兰州直到宋初。

自张骞出使西域之后，横贯亚洲进而连接亚、非、欧的丝绸之路获得了大规模发展，出现了空前的畅通和繁荣，大大促进了中西方经济、文化的交流与发展，丰富了各国的物质文化生活。

唐代是中国封建社会大发展时期，在文化方面已发展到昌盛成熟阶段，并形成了自己的体系，传入中国的任何域外文化，都没能取代中国文化，只能作为一种新的养料注入中国文化的整体内。在唐朝实行的开放政策的鼓励下，许多国家的文化曾经在中国传播，形成了群花竞放的局面。

丝绸之路是一条"文化运河"，在这条中西陆路交通的长廊上，留下了许多物质文明和精神文明的足迹，蕴藏着数不尽的文化瑰宝和人类智慧的奇观。它是古代社会历史的一面镜子，为研究我国中古时期的政治、经济、社会、宗教、文学、艺术等领域的历史和中西关系提供了极为丰富的珍贵资料，在多学科领域研究中占有特殊的重要位置有着不容忽视的价值。

兰州是丝绸之路的必经之地，随着丝绸之路的开通和繁荣，在商品交换、贸易往来的作用下，兰州的经济文化得到了发展和传播。汉唐以来，往来于兰州的军队、使节、商队、僧侣、行旅等，络绎不绝。东去西来，中西交流频繁，各种文化交汇于此，使兰州成为中西方文化交流的孔道，兰州也因此成为多元文化城市。

弦纹双环铜壶

西汉

双铺首衔环铜钫

西汉

凸弦纹双环铜壶

西汉

凸弦纹双环铜壶

西汉

双铺首衔环铜釜甑

西汉
兰州伏龙坪汉墓出土

高 33.7 厘米。铜质,分体,由釜、甑组合而成。上部为甑,宽平沿,箅形底,以供蒸气上透。上腹部饰一圈宽弦纹,两边有对称的双铺首衔环;下部为釜,短直颈,腹呈球形,中部出宽平沿,肩置对称的双铺首衔环,平底。铺首扁宽,兽首耳目清晰,既有装饰效果,又有实用功能。

釜甑为蒸食器,也可称为甗。汉以前甗是甑鬲组合,自汉始,下部的鬲为釜所替代。

双铺首衔环铜钟

西代

兰州市城关区龙尾山汉墓出土

高 30.8 厘米。铜质，直口，长颈，扁鼓腹，喇叭形高圈足。肩部饰对称的铺首衔环（环已失），其他部位皆素面。

铜 甑

汉代

弦纹铜蒜头瓶

汉代

铜蒜头瓶

汉代

带盖铜鼎

汉代

军司马铜印

汉代
兰州市华林坪出土

高2.3厘米。铜质,印面为正方形,背有钮,钮上有穿,穿较细。印面阴刻篆文"军司马印"四字,字体方整、严谨。

铜昭明镜

汉代

直径14.4厘米。铜质,圆形,宽平缘,圆钮。钮周围饰一圈八连弧纹,其外侧有一圈铭文,文字减省较多。

柿蒂钮乳钉纹铜镜

汉代

直径13.3厘米。铜质,圆形。镜缘为十六连弧状,峰钮,钮外饰连弧纹一周。镜纹以乳钉纹装饰,繁而不乱。

铭文铜镜

汉代

直径 7.8 厘米。铜质，圆形，缘宽平较厚，圆钮。钮周围饰八连弧纹，连弧纹与镜缘之间分别以辐线纹与文字装饰，文字减省比较严重。

"长生无极"瓦当

汉代

铜昭明镜

汉代

直径14.5厘米。铜质,质地灰白。呈圆形,平缘,圆钮。钮周围饰一圈圆点纹,其外是一圈圆弧,有一周铭文,铭文以"四"字相隔,布局细密有致,极为精致。

四乳四虺纹铜镜

汉代

直径10.2厘米。铜质,圆形,缘宽平,钮为半球形,中有穿。镜面光素,镜背有纹饰,主题纹饰为四乳钉间四虺纹。

弦纹铜碗

汉代
兰州市七里河区兰工坪汉墓出土

高7厘米。铜质,直口,腹壁上部较直。近底处渐收,圈底带矮圈足。腹中部有一短柄,柄上部平伸,下接扁环,近口部饰一道凸弦纹,腹部饰三道略凸的弦纹。此器应为生活用品,但人死后作为陪葬用品一同随葬。

铜行灯

汉代

高 6.7 厘米。铜质，由灯盘、灯柱及灯座组成。灯盘呈圆形，平底，盘内有针，盘边有花叶形柄把；足为喇叭形圈足，上饰四瓣柿蒂纹。灯形轻巧，做工较精细。

铜 鍪

汉代

高 11.2 厘米。铜质,侈口,短束颈,圆腹,圜底。肩部有对称的双环耳,通体素面无纹。

铜博山炉

汉代

高 13.5 厘米。铜质，弇口，鼓腹，腹上有弦纹二道，足为喇叭形圈足。有盖，盖呈山峦形，山间镂空，故名博山炉。

灰陶仓

汉代

彩绘灰陶壶

汉代

铜 灶

汉代

高 15 厘米。铜质，胎较薄，灶面近于三角形，上置烟囱及灶眼。烟囱向上竖起，口为动物张口形状。灶眼有大小三个，上有釜。侧面有一长方形灶门。灶下设四个矮扁足，造型较巧。

弩 机

汉代

弩机是战国至汉代士兵主要的远射兵器,杀伤力极大,皮甲也抵挡不住弩箭强大的穿透力,是对付古代游牧部落袭击最为有效的武器。弩机包括弩和机两部分,"弩"由望山、悬刀、牙、栓塞、竹弓、木臂及丝弦等部件组成;"机"是弩的重要构件,作为安装于弩臂后端的机械装置,有瞄准与发射双重功用。

铜銮铃

汉代

铜箭镞

汉代

铜马首刀削

汉代

绿釉陶井

东汉

灰陶狗

东汉

高 35 厘米。泥质灰陶。呈站姿,昂首前视,两耳竖立,头大颈粗,带项圈,四肢硕壮,尾上翘至背。造型比较生动。

绿釉陶灶

东汉
兰州市兰工坪汉墓出土

高 21 厘米。砖红色陶质,通体着铅绿釉。由灶门、灶面、火眼、烟囱等构成。灶门位于前壁的下部,呈正方形,灶门两侧模印人物各一;灶面向上隆起,有三个火眼,灶面的后端竖有烟囱。虽为明器,但制作精细。

绿釉熊顶灯

东汉
甘肃工业大学校园（现兰州理工大学）内出土

高30.4厘米。砖红色陶质，通体着铅绿釉。灯下部为熊的形状，站立张嘴，头顶圆形灯盏。造型简单，形象生动。

灰陶耳杯

东汉

高3.6厘米。胎为泥质灰陶。体呈椭圆形，弧腹，平底。口沿两侧横置半月形耳錾，通体素面，制作较精细。

绿釉陶钟

东汉
榆中县连搭乡出土

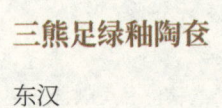

三熊足绿釉陶奁

东汉

灰陶博山炉

东汉
兰州西北民族学院（现西北民族大学）汉墓出土

高10.5厘米。泥质灰陶。敛口，球形腹，高足，平底，有盖，盖呈博山形。炉通体素面，打磨精细，小巧玲珑。

賜患陵礼詣闕
盟来東就醫藥會
悲憶柰何當柰何既
會得書陵當西
漫見獸拔所行
美當百漫思

墨迹纸

东汉
兰州伏龙坪龙尾山汉墓出土

直径17.5厘米。纸为麻纸，出土时，该纸作为一铜镜的衬垫物，共两块。现存纸张基本呈圆形，表面有霉斑和残损，上有黑迹分别为40和60余字，字迹为毛笔书写，书体为隶书，工整俊美。它不仅是一件书法艺术品，更是研究我国造纸技术的宝贵实物资料。

彩绘鱼纹陶盆

东汉

高10厘米。泥质灰陶。敞口，宽平沿，弧腹，平底。器内、外壁皆彩绘。内壁以红、白彩绘莲花、云纹及弦纹，间刻鱼纹；器外壁以彩绘、刻画纹样装饰。器形规整，装饰别致，是汉代明器中比较少见之器。

彩绘文官俑

魏晋时期

高60厘米。泥质红陶。呈站姿，头戴平顶高冠，冠上饰飞禽，腰束带，下身着长裤。双眉紧锁，表情悲伤，双手紧抱于胸前。

彩绘武官俑

魏晋时期

高 62 厘米。泥质红陶。呈站姿，头戴尖顶兜鍪，两侧有护耳，头后有圭形顿项，双目圆睁，阔嘴紧闭，面部肌肉紧张。右手握兵器（已散佚），左手上举至胸，身披铠甲，下着长裤，腰束带，造型生动。

模印纹绿釉陶壶

魏晋时期

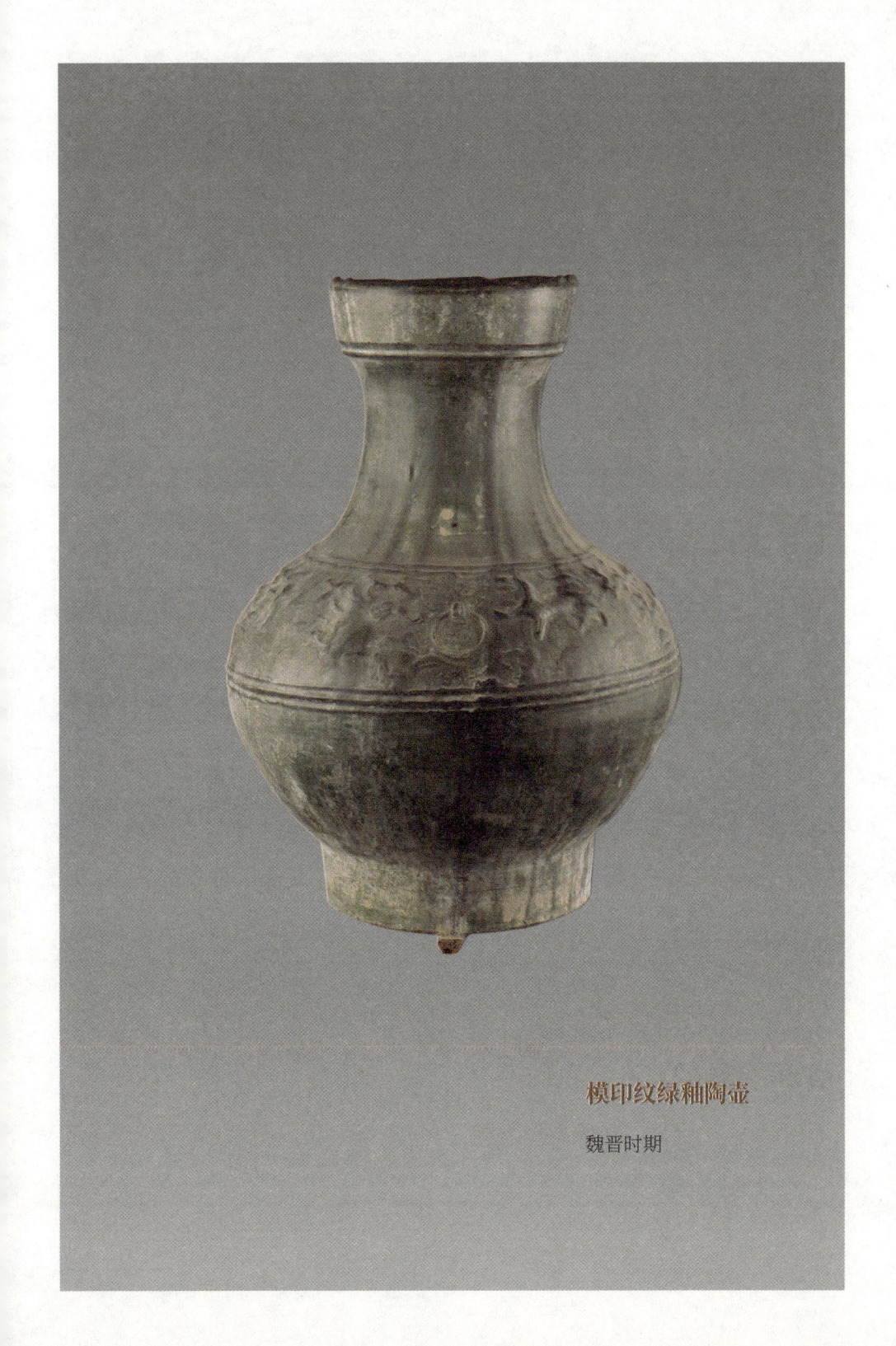

青釉四系瓷罐

南北朝
兰州市城关区中山林出土

高18厘米。瓷质。盘口,短束颈,丰肩,弧腹,平足,肩置四系。施青釉,釉色青中泛褐,无光泽,近底处露胎。器形敦厚、朴实。

"开皇二年"铭文铜造像

隋代

高7厘米。造像立于圆形台座上，发髻低平，面相细长，着通肩大衣。佛像背后有舟形背光，背光雕火焰纹。台座下承四方座。铭文刻于四方座上，为"开皇二年十月二十三日 景 合全家贯 一区合家平安"。此像为有明确纪年的隋代造像。

灰陶执壶

唐代

白釉小瓷盏

唐代

高 3.9 厘米。瓷质，敞口，腹壁斜直，玉璧形足，唇下有一周折棱。器内壁施白釉，釉层较厚，施釉不到底。

双鸾菱花铜镜

唐代

直径12.2厘米。镜为八出菱花形,圆钮,镜纹有内外区之分。外区为草叶纹;内区饰以双鸾、云纹等图案,极为精美。

宝相花铜镜

唐代

海兽葡萄纹铜镜

唐代

第四节　宋元津城

宋代开始，中国封建社会进入了一个新的发展阶段。宋景祐三年（1036年），党项羌族李元昊击破吐蕃，攻占兰州，截断了宋与吐蕃的交往。宋元丰四年（1081年）八月，神宗派李宪率兵收复兰州。李宪收复兰州后，遂上疏说："兰州古城，东西约六百余步，南北约三百步，据西使城约百五十余里，将至金城，有天涧五六重，仅通人马。自夏人败衄之后，所至部落皆降，今招纳已多，请筑建帅府，以固羌夏之心。"宋神宗采纳了李宪的建议，于是扩建州城，设置帅府，增置堡寨，设置了龛谷寨（今榆中县南20里小康营乡）、吹龙寨、东关堡（今兰州市东18里）等，又增筑阿干堡，控制阿干河谷。这样兰州北枕黄河，东、西、南三面皆有险隘城堡拱卫。西夏不甘心失去兰州，不断派兵围攻。宋军也不断加强对兰州的守御，向北扩展州城，直通黄河岸边，又在北岸筑金城关以屏藩兰州。自此以后，兰州成为宋朝的军事重镇。

宋元以后，随着海上丝绸之路的兴盛，陆上丝绸之路逐渐衰落。兰州变成了中原通往西北的交通要道，城市繁华，驼队依然如织。

宋代是我国瓷业发展史上的一个空前繁荣时期。各地瓷窑以产品工艺、釉色、造型、纹饰为特点，形成了北方的定窑系、磁州窑系、耀州窑系、钧窑系；南方的龙泉窑系及景德镇窑的青白瓷系六大窑系。从而结束了唐代越窑与邢窑为主的"南青北白"局面，创造出了如钧窑瓷的海棠红、玫瑰紫，灿若晚霞；景德镇窑的青白瓷色质如玉；龙泉窑青瓷翠绿晶润；磁州窑白釉瓷，釉下黑花舒展大方；耀州窑瓷刻花犀利潇洒；还有汝窑瓷汁水莹润如堆脂；哥窑瓷断裂冰纹满布全身等新的仪态和风范，充分展示了陶瓷美学的新境界。

白釉褐花纹瓷瓶

宋代

高21.5厘米。小口圆唇,短颈,丰肩,鼓腹,腹下渐收。颈部置环形小系。腹部以褐釉绘花瓣及枝叶纹。绘画手法简洁明快,画面生动,器形敦厚稳重。

素三彩陶马

宋代

荷口酱釉瓶

宋代

白釉剔花瓷枕

宋代

青白釉芒口小瓷碗

宋代

青釉出筋瓷碗

宋代

高7.5厘米。敞口,斜腹,小圈足,足心微凹。内壁有八条出筋,通施青釉,釉面有细密的开片,釉色粉青,色泽湿润柔和。

青釉印花碗

宋代

青釉小瓷盏

宋代

耀州窑青釉瓷碗

宋代

高 10 厘米。钩口,腹壁斜直,腹较深,小圈足。器内壁刻画莲花纹,由底心向四周扩展,呈盛开状;外壁由足向上刻画放射状纹样。通施青釉,色呈粉青,微泛黄,釉面光洁润泽。

三彩元宝瓷枕

宋代

高13.3厘米。呈元宝形，平底。枕面凹陷较深，有莲瓣状凸起，并刻画弧线纹，枕心下凹处有一"十"字镂空图形；枕两头鼓圆，中心与枕心镂空图形相同，周围刻画花叶纹。枕两头正面与背面，各錾两个对称圆孔，枕底錾有五个圆孔。枕面釉色光洁。

"首领"文铜印

西夏

长 5.5 厘米，宽 5.5 厘米。印面为正方形，背有钮。
印文为阴刻的西夏文字，据考证为"首领"二字。
印文清晰，为珍贵的西夏文物。

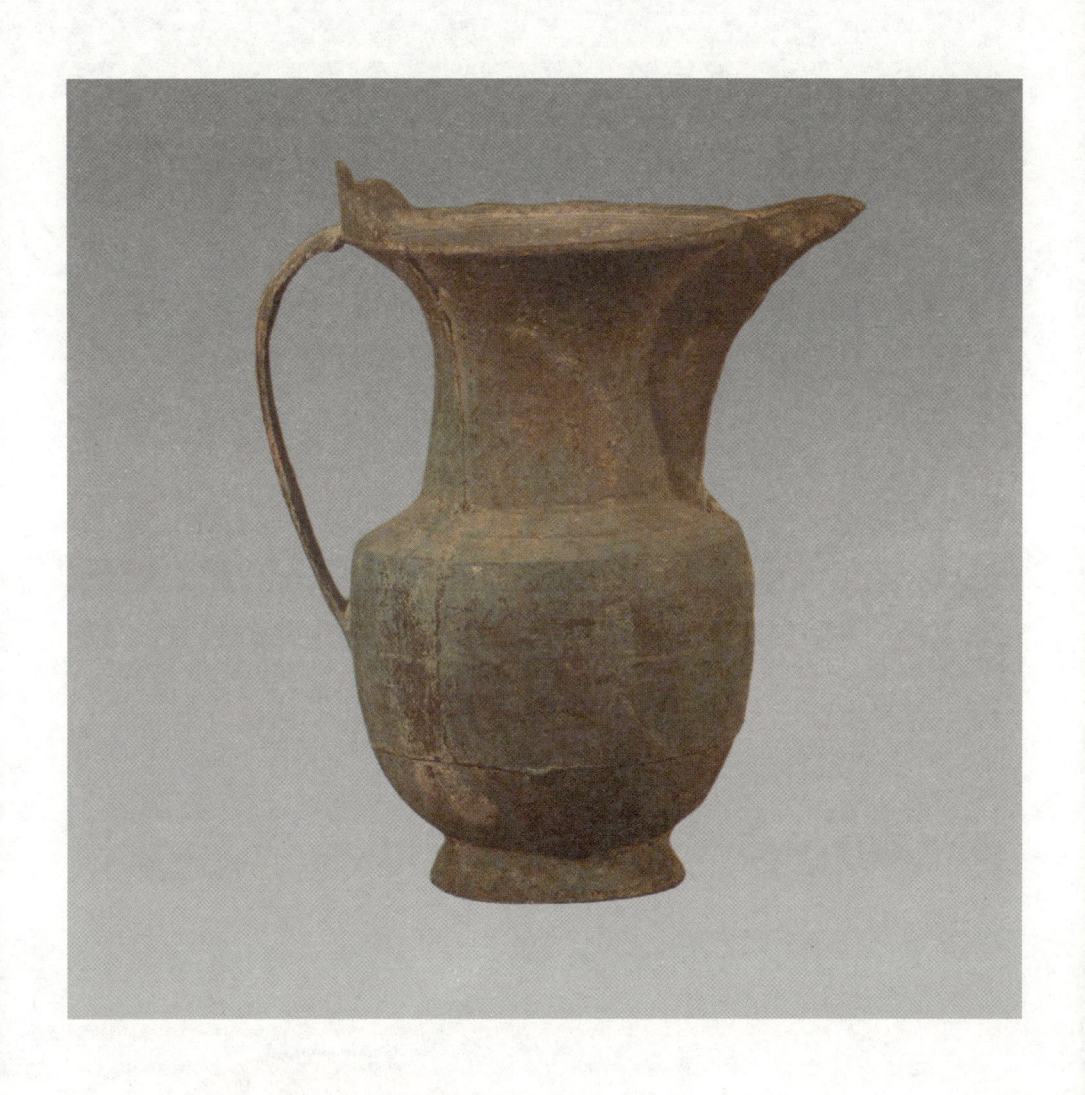

僧帽铜执壶

西夏

高 33.3 厘米。口呈僧帽状，粗长颈，折肩，圆腹，圈足。自口沿至肩部有一方流。手柄宽大，置于口沿至腹部。器形浑厚敦实。

双鱼纹铜镜

金代

直径12.7厘米。呈圆形，钮较小，镜缘窄平。镜纹分内、外二区。内区饰对称的双鱼及水波纹；外区饰莲花纹，纹饰生动活泼。

"承安四年"铭文神兽纹铜镜

金代

直径8.7厘米。呈圆形，半圆形钮，镜缘窄且高，分内、外区。内区以钮为中心饰神兽纹；外区刻铭文"承安四年上元日陕西东运司官造监造録事任提控运使高"。

影青釉瓷碗

元代

高 5.1 厘米。敞口，斜腹壁，小圈足，器下腹壁处有一折棱。通施青釉，釉色粉青润泽。

钧窑瓷碗

元代

高 7.5 厘米。大口内敛，圆唇，弧腹，圈足。施釉不到底，釉色青中泛蓝，有细小密集的开片。圈足外撇，壁较厚，无釉。

磁州窑白底褐花纹瓷盆

元代

高 12.7 厘米。圆唇，微束颈，腹向外鼓，腹下内收，平底。内壁通施褐釉，并有三块大小不等的窑疵；外壁自口沿至底施白釉，以褐色绘折枝葵花纹及弦纹。该器制作工艺略显粗糙，但器形较规整。

黑釉高足瓷碗

元代
榆中县夏官营镇勇士城出土

高 9 厘米。大口内敛，弧腹，高圈足，施黑釉，通体素面，釉面晶莹润泽。

人物龙纹青釉瓷魂瓶

元代

高 30.5 厘米。小口，长颈，腹较深，圈足外撇。颈部堆塑龙纹和十三站立人像，人像双手合十，抱于胸前，面部表情模糊不清。

铜玉壶春瓶

元代

黄釉"寿"字纹瓷扁壶

元代

高 29.5 厘米。体呈扁圆形，小口，平唇，短颈，椭圆形宽圈足，肩置双系。壶身两侧有圆形开光，分别书有"寿""福"二字，周边刻画云纹。器体施黄釉，圈足无釉。

褐釉瓷扁壶

元代

高 14 厘米。体呈扁圆形，喇叭口，短颈，椭圆形圈足，足有对称两圆孔，肩置双系。壶身两侧有圆形开光，内饰龙纹。器体施黑釉，圈足无釉。

第五节　明清风韵

公元1368年，朱元璋初定天下，为了稳定国内政局，巩固其政权，效法中国"天子巡边"的古制，将宗亲分封到全国各个军事战略要地，坐镇一方。从洪武三年（1370年）四月开始，朱元璋先后将自己的24个儿子和1个侄孙分封到全国各战略要地。其第十四子朱楧于洪武二十五年（1392年）被封为肃王，就藩甘州（今张掖）。建文元年（1399年），由于政治原因肃王迁驻兰州，沿袭9世11王，对甘肃进行了251年的封建统治。

朱楧移驻兰州后，即在今城隍庙以东、会馆巷以西、张掖路以北至南滨河路的广大地段大兴土木、修建王府。同时还在兰州以今中央广场为中心修筑周长为6里200步的内城和周长为18里120步的郭城，奠定了兰州城的规模。另外，还在兰州城内外修建了许多庙宇寺观、花园名胜；兴建学宫、修桥架渠，为兰州的经济、文化、城市发展做出了相当大的贡献。

一、兰州名刹——白衣寺

白衣寺院为末代肃王所建，始建于明崇祯四年（1631年），因寺内大殿绘有白衣大士像而得名。寺院坐北朝南，正面是大门，门内为白衣菩萨大殿，殿后为多子塔（又名白衣寺塔），塔后是二层楼的观音阁（一楼）、文昌宫（二楼）。东侧由南向北依次是伽蓝祠、送子将军祠、送子催生子孙三慈母宫；西侧由南向北依次是土地祠、旃檀神王庙、眼光痘疹庙三慈母宫。后经多次战乱，致使僧去寺毁，只有白衣寺塔（又名多子塔）幸存至今。白衣寺塔为实心砖塔，高约三十米。塔基为错牙式方形，长、宽各约七米，高约二点八米，四面青砖镌刻花卉图案。塔身下部呈覆钵状，高约八米，最大直径约六米。正面与塔基联结处开有一个佛龛。龛内原供佛像三尊，现已无存。龛外两侧嵌有砖雕对联一副，对联是："玉柱玲珑通帝座；金城保障永皇图"，横额是："耸瞻震旦"。塔身上部为八角形锥体，高约十八点五米，共做密檐十二层，每层每面各开佛龛一个，内塑佛像一尊，共计九十六尊。每层每角悬挂风铃一个，共计九十六个，微风拂来，风铃发出清脆悦耳的响声。塔刹高约一米，形若宝瓶。按照惯例，佛塔的层数，从一层到十五层，多为奇数，而白衣寺塔的层数却是偶数，这种情况在佛塔中比较少见。白衣寺塔建成后，经受了将近四百年风雨侵蚀和多次地震摇撼，特别是公元1939年东关火药库大爆炸的震动，至今仍孤标独秀，玉立无倾，真可谓兰州建筑史上的奇迹。

1981年9月10日甘肃省人民政府将白衣寺塔定为省级文物保护单位。1986年，兰州市政府拨专款，对白衣寺塔进行了大规模的加固维修工程。维修过程中，在塔刹内发现了一批珍贵的文物，为我们进一步了解该塔的建造和维修过程提供了宝贵的资料。

白衣寺大门

清代

白衣寺多子塔

明代

德化窑人物白瓷造像

明代
兰州白衣寺内多子塔塔刹出土

高14厘米。造像一坐一立，坐像头微右侧，目光低垂，斜视左下方，面相圆润，双耳硕大，细眉上挑，头戴朝冠，着朝服，左手托一如意，右手垂于膝上，双足重叠，腰间系一玉带。立像是一位老者，身材矮小，头戴巾冠，身着布衣，面目慈祥，双手拢袖，抱一卷书籍。此像制作精致，釉面洁白晶莹，温润如玉。

青玉玉兰花形佩饰

明代
兰州白衣寺内多子塔塔刹出土

重18.8克。造型雕成玉兰花初绽的形状，花蒂上有孔，为佩挂之用。玉质光润，雕琢精细，形象生动。

银质"福寿"压胜钱

明代
兰州白衣寺内多子塔塔刹出土

圆形方孔，方孔上下分别錾刻"福""寿"字样；方孔右侧錾刻"崇祯伍年捌月初拾日"；方孔左侧錾刻"伴读姚进施"。此物为银箔制成，为祈福之物。

凤首青玉簪

明代
兰州白衣寺内多子塔塔刹出土

长 14.5 厘米，重 20.6 克。体呈圆锥状，簪首雕刻成凤形，并配有小珍珠串饰。玉质光润，较为珍贵。

金累丝嵌白玉鱼篮观音铭文簪

明代
兰州白衣寺内多子塔塔刹出土

重36克。簪首用白玉雕一站立的鱼篮观音,观音高发髻,面相较丰,肩披巾帛,着裙裳,右手提篮,其周围用金丝累成三层束腰莲花,并以珍珠、彩色玻璃加以点缀。簪挺为银质,与金莲连为一体,挺上錾刻铭文:"崇祯五年捌月初十日肃王妃熊氏施,伴读姚进兼装。"此簪工艺精湛,技术高超,是十分珍贵的明代工艺品。

159

金累丝嵌青玉送子观音铭文簪

明代
兰州白衣寺内多子塔塔刹出土

重36克。簪首为青玉雕一送子观音,观音头戴巾,身着大衣,怀抱一小儿坐于鳌背上,其周围用金丝累成三层莲花座,并以珍珠、彩色玻璃加以点缀。簪挺为银质,体扁长,尾渐变尖,与金莲连为一体,挺上錾刻铭文:"崇祯五年捌月初十日肃王妃熊氏施,伴读姚进兼装。"此簪为明代典型的金镶玉工艺,工艺精湛,技术高超。

金凤凰饰

明代
兰州白衣寺内多子塔塔刹出土

重1.5克。凤作展翅飞翔状,张口,尾翼飘然,双足收起,形象极为生动。

金 鹤

明代
兰州白衣寺内多子塔塔刹出土

重0.65克。鹤单足而立,作回首状。鹤身圆短,嘴尖而长,形体较小,形象生动。

金丝葫芦形耳坠

明代
兰州白衣寺内多子塔塔刹出土

重 10.6 克。体呈葫芦形，上端连接半圆形坠钩，钩与体之间饰有花叶一周，体表用金丝编结而成。在明代首饰品中其工艺属上乘之作。

银耳勺

明代
兰州白衣寺内多子塔塔刹出土

长9.2厘米,重5.6克。耳勺为圆形,曲柄,勺柄截面呈棱形,柄尾渐尖。设计比较精巧。

金耳勺

明代
兰州白衣寺内多子塔塔刹出土

长10.3厘米,重10.6克。耳勺为圆形,前段上有弦纹,后段为六棱形,至尾部变尖。此物应为掏剔两用之器。

包金银簪

明代
兰州白衣寺内多子塔塔刹出土

长 13.5 厘米、重 19.7 克。簪首包金，簪挺为锥形，较细长，簪首呈菌状，工艺精细。

"春"字串珠头饰

明代
兰州白衣寺内多子塔塔刹出土

明代首饰工艺品。该饰品以小珍珠串成"春"字形状，其间以小珊瑚点缀。上端系于一铜簪之上，做工精细，堪称明代首饰工艺品中的精品。

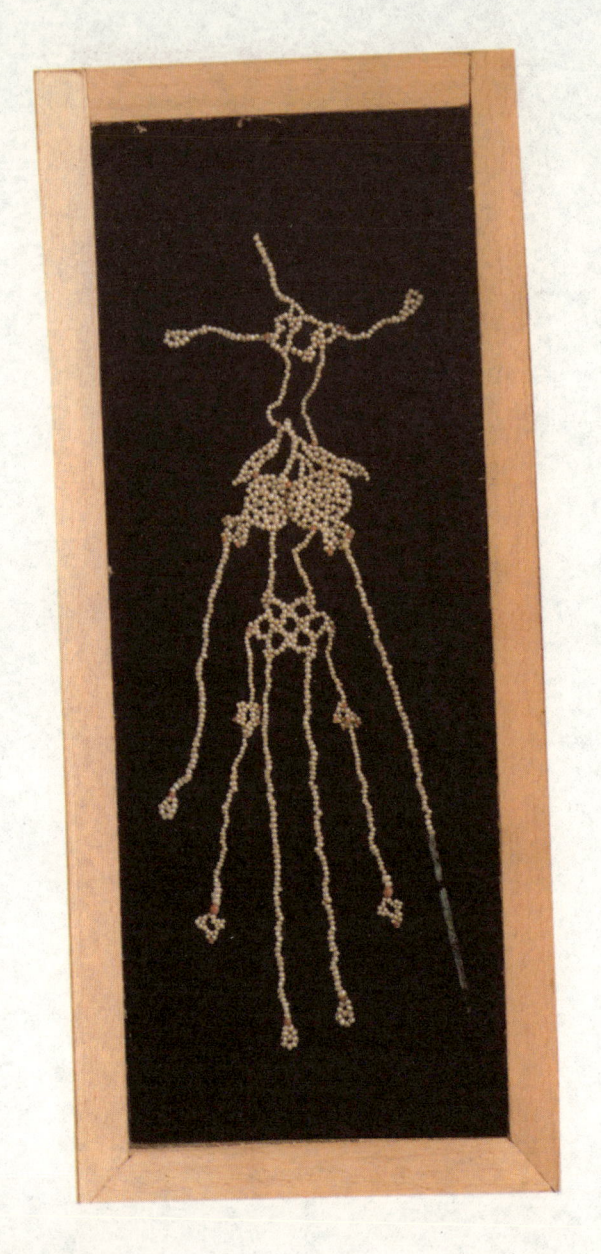

"石榴花"串珠头饰

明代
兰州白衣寺内多子塔塔刹出土

明代首饰工艺品。该饰品以小珍珠串成"石榴花"形状,其间以小珊瑚点缀。上端系于一铜簪之上,做工精细,堪称明代首饰工艺品中的精品。

明代小手镜

明代
兰州白衣寺内多子塔塔刹出土

黑釉双系盖罐

明代
兰州白衣寺内多子塔塔刹出土

印金花手巾

明代
兰州白衣寺内多子塔塔刹出土

长74厘米，宽40厘米。手巾质地为丝，呈长方形。上印折枝石榴金花图案。手巾正中央横书黑体梵文。手巾制作精细，印染工艺考究，是研究明代印染工艺不可多得的实物资料。

印金花包袱

明代
兰州白衣寺内多子塔塔刹出土

长48厘米，宽55厘米。包袱质地为纱，略呈正方形。上印牡丹蝴蝶金花图案。印染工艺精致，图案美观，是研究明代印染技术发展不可多得的实物资料。

印金花手巾

明代
兰州白衣寺内多子塔塔刹出土

印金花手巾

明代
兰州白衣寺内多子塔塔刹出土

"玄宰"款暗花黄缎香包

明代
兰州白衣寺内多子塔塔刹出土

长7.1厘米,宽4.7厘米。丝质,色淡黄,暗花,为长方形,内装较柔软的填充物。其上用丝线编成麻花辫结成花结形,并挽出系扣,以便佩戴,下接流苏。荷包两面有玄宰款的字、画各一幅。画为一枝斜出的梅花,字为"怜君有□戒,不为岁□"。画面简洁,字体秀丽。

二、金城览胜

明、清时期是中国古代封建王朝的最后阶段。明洪武十年（1377年），在宋、元兰州城的基础上增筑城池，沿黄河两岸修筑城堡，两道边墙夹河而行连接各城堡，使兰州真正成为"万里金汤"。同时这两条边墙也成为明代万里长城的有机组成部分，共同构成了中国古代建筑工程史上的奇观。明建文元年（1399年），肃王开始在兰州为藩，沿袭9世11王240多年。历代肃王均大力营建王府、学宫、桥梁。崇尚道教，广修道观寺院。金天观、凝熙观（雷祖庙）、天齐庙、斗母宫、北斗宫等分布城内外，道家文化异彩纷呈，其中以金天观影响最大。伊斯兰教在兰州也广为传播。

清代疆域辽阔，兰州处于真正意义上的中国地域中心位置。康熙七年（1668年）将巩昌布政使司改名为"甘肃布政使司"，并移治所于兰州，设置巡抚，甘肃从此成为一个独立的省级行政区，兰州作为甘肃省的省会地位也由此确立。乾隆二十九年（1764年），陕甘总督自西安迁驻兰州，兰州成为陕甘总督、甘肃布政使、甘肃学政、兰州府、皋兰县驻地，形成大西北重镇及政治、军事、经济、文化中心。总督左宗棠在兰州大力发展工业，创建机器制造局、织呢局，开创兰州工业先河。总督升允在兰州推行"新政"，创办学堂，造就人才；设立巡警总局，维护治安；发展农业，开矿办厂；引进欧美技术和材料修建黄河第一桥，使兰州与沿海的上海、天津、福建等地一起成为中国兴起近代工业的城市。清代兰州文风尤为兴盛，设有兰山、求古、五泉、皋兰四大书院及甘肃贡院等，文化氛围异常浓厚。这一时期，天主教、基督教等也相继传至兰州，与佛教、道教、伊斯兰教和谐共处于黄河之滨。

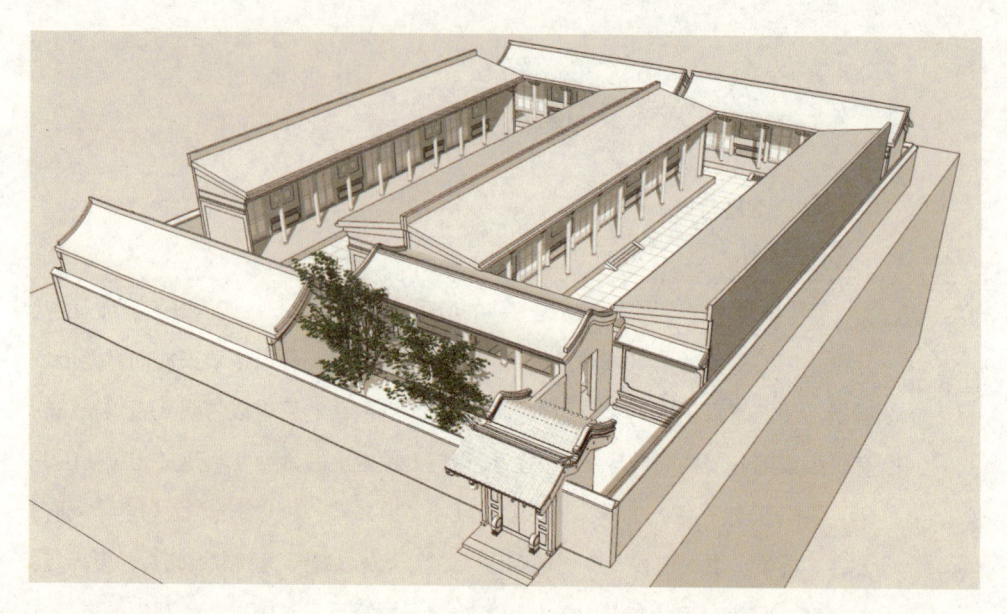

彭泽故居模型

清代兰州城

兰州历史上就有筑城的记载，西魏、隋、唐、宋各代都曾多次筑城，因年代久远，已不复存在。现在的城池规模是明代所形成的。

明洪武十年（1377年）筑兰州内城，周六里二百步（每步为五尺），呈东西略长的方形，城高3丈5尺，宽2丈6尺。开4门，东为"承恩"门（后改为来熙门）、西为"永宁"门（后改为镇远门）、南为"崇武"门（后改为皋兰门）、北为"广源"门（后改为水北门）。明宣德年间，筑兰州城外郭，周长十八里一百二十步，呈不规则形状。明正统年间，又筑承恩门外郭，并建兰州城外郭9门。

清乾隆三年（1738年），将东、西、南三面的城墙"甃以砖"，即在土筑的原墙外面用砖包砌。北城墙濒临黄河，用石衬砌，并筑石堤里许。清光绪十六年（1890年），对兰州城郭进行了最后一次修葺，内城修敌楼10个，睥睨1929个。外郭建敌楼6个，睥睨3920个。

抗战时期，日寇飞机不断轰炸兰州，为了便于市民疏散，1939年，在小稍门东增开一门，叫"东南门"，庆安门西增开一门，叫"东北门"，在永昌路南端增开一门，叫"西南门"。因系双门洞，故又称"双城门"，沿用至今。1941年，在水北门之东增开一门，叫"中山门"。

原兰州城门上均建有城楼，其中北门城楼年代最久远，南门楼最为雄伟，"万里金汤"四个大字的巨匾就悬挂于雄伟壮观的南门楼上。

八宝图案大铜锅

明代

高94厘米,口径146厘米。直口,腹壁较直,圜底。口沿外饰一周折线纹,腹中部出一平沿,沿上饰缠枝莲花纹。器腹上部饰八宝吉祥图案,依次为双鱼、宝瓶、螺、盘长结、伞、龙、摩尼珠、法轮、莲花、扇、香炉、幢、铜镜等。纹饰清晰优美,形体硕大。

洪武七年城砖

明代

长 94 厘米，宽 20 厘米。青灰色，模制，呈长方形。正面模印"洪武七年制"等字，此砖为明代兰州修筑城墙的见证。

马上"佛郎机"铜铳筒

明代
榆中县出土

长 73.2 厘米。前膛呈圆筒状，较长，膛外分别有三道加强箍，药室为半圆筒状，比前膛圆鼓。尾銎较短，呈圆筒状，外有一道加强箍，上錾刻铭文："马上佛郎机铳筒柒佰陆拾号嘉靖丁酉年兵仗局造重玖斤"。

青花缠枝莲托八宝纹瓷碗

明代
兰州市铺子弯出土

高 7.5 厘米。敞口、深弧腹、圈足，足内敛。碗外壁绘青花缠枝莲托八宝图案。八宝排列以轮、螺、伞、盖、幢、花、鱼、瓶、结为序。内底部以青花绘纤细雅致的团花。胎洁白细润，釉色白中闪青，青花呈色淡雅含蓄。

十二棱双耳三足炉

明代

饕餮纹凤头铜盉

明代

釉陶祭品

明代

祭品为一套，共八十三件，包括人俑、家具、盛储器、供器和供品等，均为模制而成，它是我国古代人们对死者厚葬的写照。整套祭品均施釉，制作比较粗糙。

铜旋风炮

明代
榆中县出土

长 38 厘米。前膛呈圆筒状，较粗短，膛外分别有两道加强箍，药室呈圆形，上有药眼。尾銎呈喇叭状，上錾刻铭文："旋风炮壹仟叁佰口陆号嘉靖丁酉年兵仗局造。"

茶叶末釉尊式瓷瓶

清代

高 16.8 厘米。粗长颈,口外撇,圆腹,圈足。
通施茶叶末釉,素面。釉色柔和,润泽,
器形饱满、稳重。

阿文三足铜炉

清代

象耳平底铜炉

清代

白釉犀角杯

清代

青花瓷盆

清代

豆青釉青花贯耳六棱瓶

清代

青花喜字花卉盘口瓶

清代

《婴戏图》粉彩瓶

清代

祭红大瓶

清代

黑釉双兽首八卦出戟尊

清代

祖先堂

清代

通高225厘米，桌长2.15米，宽1.17米，高0.85米。该建筑为仿古代"高台建筑"而制，建筑制式为五架梁悬山顶出檐，双坡筒瓦顶，面阔"破五间"。台阶、须弥座均设栏板。平板枋上施七踩"品"字科九攒斗拱。额枋间饰"荷叶"隔架墩，柱间饰雀替。明间檐柱挂对联一副及横额一块。整座建筑全木制作，玲珑精巧。

粉彩人物瓶

清代

五彩人物盖罐

清代

第六节　庄严妙相

佛教是古印度释迦牟尼于公元前五六世纪创立的宗教，与伊斯兰教、基督教一起被称为"世界三大宗教"。佛教自西汉末年经丝绸之路传入我国。东晋十六国以来，佛教经一些帝王的大力推崇，在中国扎根、发芽并日益兴盛，最终汇入了中华文明的历史长河，成为中国文化重要组成部分。兰州地处古代丝绸之路东段的重要黄河渡口。作为佛教从西域向内地传播的必经之地，佛教艺术在这里与中国传统艺术相互交融，然后又向内地传播。因此，兰州境内的佛教遗迹及相关作品，保留沉淀异常丰富，无论艺术内涵，还是制作水平，都不同凡响，举足轻重。

金铜佛造像是魏晋南北朝时期因佛教兴起而迅速发展起来的一种造像形式，用铜铸造而成，表面鎏金，多供奉在家中、宫中和佛寺之中，早期称为"金人"，后来也称为"金泥铜像"。既有高达数丈的造像，也有便于携带的小行像。

隋唐时期，造像艺术达到鼎盛阶段。佛、菩萨造像面相丰满端庄，体态优美浑厚，衣纹流畅自然，手法写实细腻，人物的个性化和高度的写实性相结合。造像组合既有单独的佛像、菩萨像，也有一佛二弟子二菩萨（有时还有天王、力士）等组像；既有高大的雕塑造像，也有较小的金铜造像。

明清两代，统治者推崇藏传佛教，宫廷设有专门机构铸造藏传佛教造像，从而极大地推动了藏传佛教造像艺术不断发展。明代的藏系金铜佛像直接以西藏造像为范本，风格传承脉络清晰，同时又融入了汉地审美观念和传统表现手法，更加注重细节的表现，使原本西藏佛像所特别强调的愤怒形象在内地逐渐淡化。佛和菩萨的面相都丰满端正，宽额方脸，高鼻薄唇，表情静穆柔和，略蕴柔媚之态。菩萨造像袒露上身，腰部细瘦，脐窝深陷，小腹紧收，富有弹性，整体姿态呈S形，极富人体之美。清代的汉传佛教造像的主要特征是肩宽腰细，颊丰颐满，弯眉细长，鼻高且直。佛像大都是着袒右式衲衣，质地显得比较厚实。菩萨像多为汉式装束，服饰贴体而轻柔，衣纹和衣饰的刻画运用写实手法，真实感觉较强；只是在表现手法上显得纤巧无力，缺乏艺术感染力。

鎏金铜佛造像

唐代
兰州市城关区邓家巷出土

高22.6厘米,通体鎏金(大部分鎏金已脱落)。佛像面相丰圆,右手施无畏印,左手施触地印,结跏趺坐于须弥座上。着通肩大衣,衣摆悬垂于台座,双腿毕现。下承四足方座,正面开壶门。背光上饰火焰纹,后錾刻伪铭:"永平四年次辛卯十一月十二日壬讳 太七 为四方众生平发敬造佛像一区供养。"

十三相轮铜塔

元代

高 23 厘米。塔座为仰覆莲台座,其上为覆钵,高度为塔的二分之一。覆钵之上为十三相轮,相轮为伞盖状,上饰莲瓣纹,顶上为塔刹。

镶绿松石十三相轮铜塔

元—明

高 33 厘米。塔下部为仰覆莲台座,中为覆钵,覆钵上为十三相轮,相轮顶部有伞盖,伞盖上饰莲花和垂珠,垂珠上镶绿松石。塔刹为莲蕾,其上有日月,日月两侧绕以巾帛。造型华丽精美。

阿难泥塑头像

宋代

重 7.219 千克。面相圆润清秀，双耳硕大，双目细长，鼻梁挺直，唇线清晰，表情沉静温和，显示出内心世界的安详。

铜鎏金菩萨造像

明代

菩萨铜坐像

明代

绿度母铜造像

明代

铜鎏金佛造像

明代

大方广佛华严经三昧忏法卷

明代
兰州白衣寺多子塔塔刹出土

长33.8厘米,宽12厘米。纸本,呈长方形折叠式,为"大明万历壬子肃王望岐道人命工梓行"。此经卷为佛家经卷之一,分佛、日、增、辉、法、轮、常、转八卷。该经卷虽为明版,但具有较高的历史价值和研究价值。

鎏金铜佛坐像

明代

高 23 厘米。铜质，鎏金。佛像结跏趺坐于束腰莲台上，蓝色肉髻，面相圆润丰满，身体肩部宽厚，腰部细窄。着袒右肩袈裟，内着僧祇支。左手施禅定印，右手持草枝，有汉藏佛教造像的双重风格。

鎏金铜佛像

明代

高15.7厘米。铜质，鎏金。佛像结跏趺坐于束腰莲台上，着袒右肩袈裟，内着僧祇支。蓝色肉髻，面相丰圆，宽肩细腰。袈裟下摆覆于双腿，双腿轮廓毕现。造像端庄、细腻。

鎏金铜佛像

明代

高 6.4 厘米。铜质，鎏金。佛像有蓝色高肉髻，着袒右肩袈裟，结跏趺坐于莲台之上。面相丰圆，双目微下垂，略带笑意，作说法相。衣纹刻画简单，衬摆搭于台座。

铜佛坐像

明代

菩萨铜坐像

明代

白度母鎏金铜造像

明代

高10.5厘米。铜质，鎏金。造像结跏趺坐于莲台上，头戴五叶冠，高束发髻，发辫垂于双肩，耳戴饰，面相饱满秀丽。肩披巾帛，并绕臂下垂，上身戴璎珞，臂着钏，下着裙，裙摆搭于台座之上，裙边刻花，双足露出。眉间和双手、双足心各有一眼，丰乳细腰，仪容秀美。

水月观音铜造像

明·正统十二年

高 24 厘米。造像坐于平台之上，头戴五叶冠，发髻高束，两边结成发辫垂于双肩。面相丰圆，双目微下垂，肩宽厚，臂着钏。肩披巾，巾帛绕双臂下垂，上身戴璎珞，下着裙。右手搭于右膝，左手扶地。底座下边缘有铭文："正统拾贰年造信士赵建。"造像神态安详自若，为有明确纪年的观音造像。

四臂双身铜立像

明—清

高 36 厘米。铜质，鎏金，为双身立姿，均为四臂。一造像头戴花冠，上嵌绿松石，上身戴璎珞，下穿裙，臂着钏，右手前举，左手提净瓶，赤足站立；另一像头戴花冠，耳带环，面相饱满，上身戴璎珞，下穿裙，臂着钏，右手前举，左手持螺，丰乳细腰，赤足而立。二造像头上为一须弥座，四臂上托，下为仰莲台座，台座下有一宝瓶。此像造型极为少见。

绿度母铜造像

清代

高 17.5 厘米。铜质，鎏金。绿度母菩萨坐于莲花台座上，左腿单坐，右腿向下舒展，踏在莲花上表示随时准备起身救度苦难众生。绿度母在藏传佛教中为观世音菩萨的化身，能救八种苦难，又称为"救八难度母"。

鎏金十一面观音铜造像

清代

高 14.5 厘米。铜质,通体鎏金。观音有十一面,分五层,各戴宝冠,身有八臂。当胸二手合掌,左手依次持莲花、宝瓶、弓等;右手施无畏印、与愿印等。上身披璎珞,下着裙,肩披巾,巾从臂绕下,赤足。右前胸浮雕一羊头,整体身形矮圆。

十一面观音铜造像

清代

高 11 厘米。铜质,鎏金。造像头部分五层,共十一面,各戴宝冠。身有八臂、当胸二手合掌,左手依次持莲花、宝瓶、弓(已散轶)。右手施无畏印、与愿印,上身披璎珞,下着裙,裙及足踝,赤足站立。肩有披巾,绕臂而下,形态丰满健壮。

观音菩萨铜坐像

清代

铜鎏金佛造像

清代

黄布禄金刚铜造像

清代

高12.7厘米。铜质,鎏金。造像坐于台座上,上身着璎珞,右手上举于胸前,左手持吐宝鼬。头戴五叶冠,高束发髻,面相和善,耳戴大环,肩披巾帛,巾帛绕双臂而下,腹较圆。

鎏金喜金刚铜造像

清代

高27厘米。铜质,鎏金。主尊十六臂八面,每面三目,头戴五骷髅冠,四足。十六臂各持嘎巴拉碗,碗中皆盛神物。主臂手持嘎巴拉碗,拥抱金刚无我佛母,身挂五十人头骨链圈。佛母一头两臂,右手持金刚橛,左手勾抱主尊之项颈,腰饰璎珞,右腿绕主尊腰间。此像为藏传佛教五大金刚之一,造型复杂而优美。

鎏金胜乐金刚铜造像

清代

高34厘米。铜质,鎏金。主尊为四面十二臂,双腿立于单层覆莲台座上。每面三目,头戴五骷髅冠,腰围虎头裙,身佩五十八头骨项链,身后手持白象皮,十二臂各持法物。主臂拥抱明妃金刚亥母,左手持金刚铃,右手持金刚杵,双腿弓立。明妃双腿绕于主尊腰间,双手持斧和碗,胯下有头骨饰,脚下踩两人。形象威严凶猛,为藏传佛教五大金刚之一。

黄布禄金刚铜造像

清代

高 17 厘米。铜质，鎏金。造像头戴五叶冠，面相饱满，双目圆睁，神态安详。细腰，腹部圆隆，上身着璎珞，肩披巾帛，巾帛绕臂垂下至台座；下着裙，坐于莲台上，右手于膝上持喷焰摩尼宝，左手握吐宝鼬，右足踏于宝瓶海螺上。

铜佛龛

清代

弥勒菩萨造像铜范

清代

长20.8厘米，宽24厘米。铜范呈五边形，周边有宽1.5厘米的沟槽。范面阴刻造像七尊，中间主尊为弥勒菩萨，结跏趺坐于莲台座上，双肩有宝瓶和法轮。手施法轮印，头戴花冠，上身披璎珞。主尊两侧为站立于莲台上的侍立菩萨。范上部为头戴尖帽的宗喀巴像，下面三尊依次为手持宝剑的文殊菩萨、四臂观音和护法像。

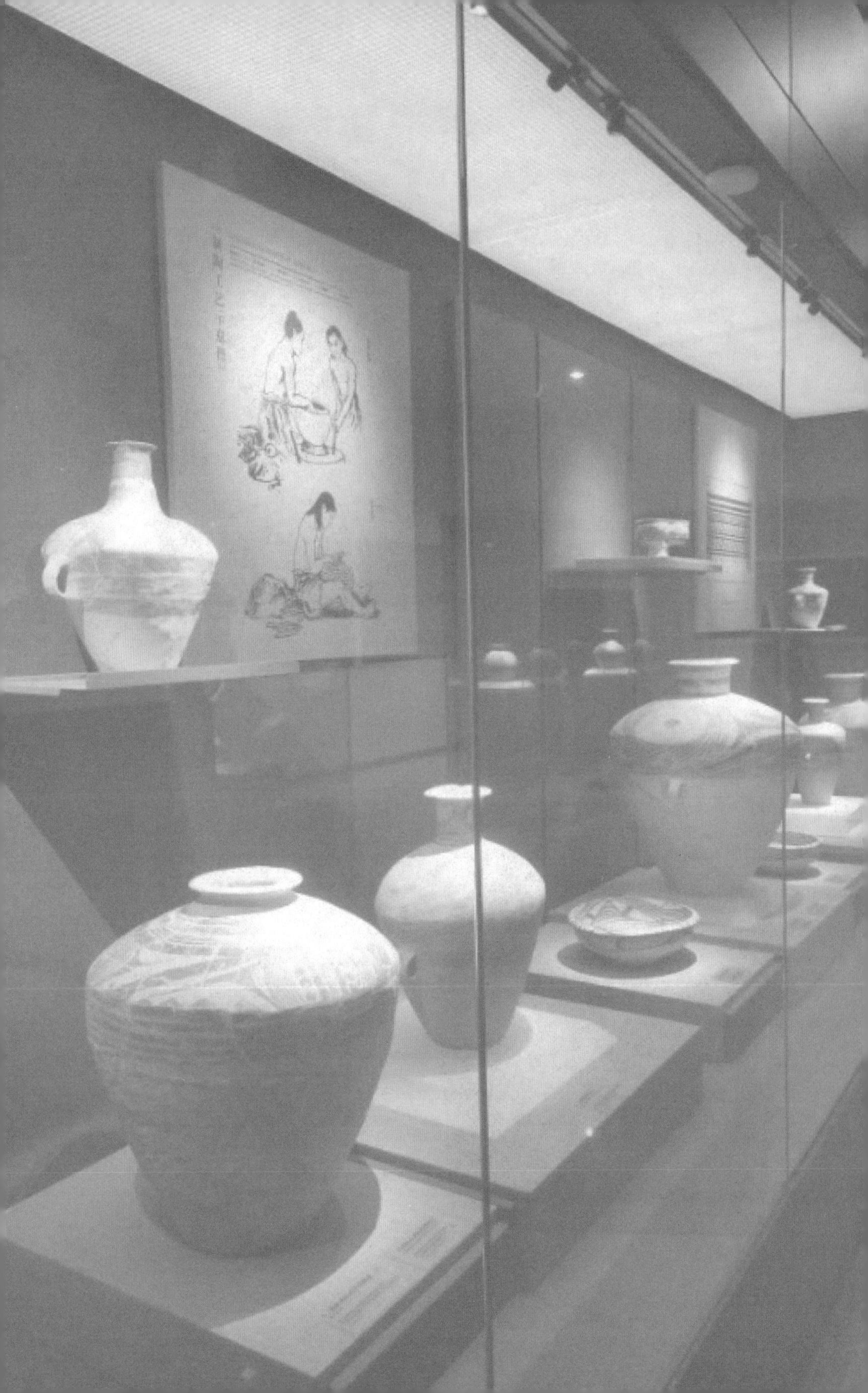

第二章 博物馆展示形式与功能

博物馆一直以来都是传承和发展文化的载体，伴随着社会的发展而发展。博物馆不单纯是保存、展示文物的场所，更是人们通过文物和历史隔空对话、感受历史的源远流长、追溯文化根基、引发深入思考和想象的精神空间。以往的博物馆投入大量资金，想方设法通过各种途径来吸引公众。最终的结果却可能出现展馆设计华而不实，复杂而乏味的情况，未达到实际效果。这样的陈列展览不仅成本巨大、运营周期较短，而且不切实际。这促使我们从全新角度来审视博物馆职能转换背景下的展示设计，由以往关注博物馆的收藏与研究功能慢慢将视角转移到社会教育和公共服务功能上，实现由"藏品中心"向"公众中心"的转移，让收藏在禁宫里的文物、陈列在广阔大地上的遗产、书写在古籍里的文字都活起来，这一愿景在公众的生活中占有一席之地。这需要我们回顾过去，寻找出工作中的基本要素，重新考虑其未来发展方向。针对当前博物馆展示陈列内容过于程式化，展品介绍过于专业，导致公众对信息的接受程度大打折扣，科普功能削弱的现状，创新展览策划思路，运用互联网时代的新技术，改善陈列展览的社会形象，成为博物馆丰富展览手段的重要方式之一。

第一节　兰州市博物馆概要

一、历史简况

1981年9月，明代古建筑白衣寺塔被甘肃省人民政府正式公布为省级重点文物保护单位。

1982年7月，根据甘肃省人民政府（1982）237号文件精神，由甘肃省气象局将白衣寺塔院划归兰州市人民政府保护管理，10月正式办理了产权移交手续。

1984年4月，兰州市博物馆正式成立，其前身是兰州市文化局的文物管理处，负责全市文物、遗址的研究保护、建制、编制、经费、行政管理工作。

1985年3月，经甘肃省文化厅同意，兰州市政府拨款10万元，重修白衣寺大殿。工程采取不落架施工，拆除旧土坯墙，改砌青砖墙；清除破瓦脊，新挂筒瓦顶；进行复古式装修，恢复其彩绘。

1986年8月，市政府拨款20万元修缮白衣寺塔。修复过程中，首先采用钢筋混凝土薄壳结构加固塔基，然后重新镌刻须弥座砖雕，给覆钵塔身加钢箍三道，修复大、小佛龛，补铸纪年风铃，修复塔刹，工程历时200天。

1989年，经甘肃省、兰州市文物主管部门协调，兰州市委市政府研究决定，兰州市博物馆依明代白衣寺旧址建馆（兰州市城关区庆阳路240号）。兰州市博物馆成立后，白衣寺由兰州市博物馆保护、使用。

1991年，在白衣寺塔北原观音阁位置建成综合展示楼，展示楼为仿明清雕栏明柱钢筋混凝土框架结构建筑，面积1590平方米，共4层，地下1层，地上3层。其中1楼为文物展厅，2楼、3楼为办公室和会议室。地下1层为文物库房，面积360平方米。

1992年，因金塔巷拆迁改造，原金塔巷内清代所建"江西会馆"（1984

年公布为市级文物保护单位）的铁柱宫大门，原样迁移为博物馆大门。铁柱宫为单檐、前出廊、歇山式建筑，面阔3间，通长10.6米，进深2间，通宽9.2米，建筑构造及工艺具有鲜明的兰州地方特色。现为省级文物保护单位。

1995 至 1998 年，在东西两侧新建陈列展厅各两层，为钢筋混凝土仿古明窗砖包墙两层阶梯式斜顶建筑，建筑面积 2215 平方米。

2003 年，兰州市博物馆与八路军驻兰州办事处纪念馆合并为"兰州市博物馆"，副县级事业单位，由财政拨款，编制 41 人，与八路军驻兰州办事处纪念馆（1978 年设立）合署办公。

2013 年，兰州市机构编制委员会又将八路军驻兰州办事处纪念馆调整为县级事业单位，两馆分开后，兰州市博物馆编制 33 人，设有办公室、收藏研究部、信息资料部、观众接待部、保卫科、陈列策划部 6 个部室。经 1990 年、1998 年、2012 年三期建设，现拥有包括中轴线上的文物建筑铁柱宫、白衣寺大殿、白衣寺塔、综合展示楼和东、西两组仿古建筑在内的展厅，建筑总面积 5800 平方米，其中展厅 4000 余平方米，库房 700 多平方米。馆内白衣寺塔具有 400 多年的历史，始建于明崇祯四年（1631 年），为八角十二层楼阁式实心砖塔，高 25.23 米，为省级文物保护单位，大门为原江西会馆享殿（铁柱宫）大门，清代建筑，由本市金塔巷移迁至此，为省级文物保护单位。

2013 年开始博物馆综合展示楼重建与文物陈列改造工程，2016 年主体完工，改造后的展厅面积增加了 1600 余平方米，2018 年完成消防水池建设。2019 年正式对外复馆开放。

二、文物收藏

1986 年至 1988 年，兰州市博物馆进行了 3 年的兰州市文物普查工作，抽调 3 名专业人员参与普查，主要负责永登县河桥镇古遗址破坏情况调查。通过此次全市文物普查，市博物馆馆藏文物增至 7892 件。

1987年，白衣寺塔修葺加固时，在塔刹内发现明代佛经、铜鎏金佛教造像、金累丝嵌白玉簪、印金花丝巾等珍贵文物32件。

1996年，馆藏文物达到了一万余件，国家文物局专家组曾对馆藏文物进行定级鉴定，确定国家一级文物32件。

2002年，由甘肃省文物局牵头，省市文物专家对馆藏文物进行了鉴定，确定一级文物52件（含1996年国家文物局确定的32件），二级文物82件，三级文物698件。

2015年，甘肃省文物鉴定委员会对馆藏新增文物进行了鉴定，确定一级文物1件，二级文物11件，三级文物61件。

目前，兰州市博物馆的馆藏文物12680件，其中，国家一级文物53件，二级文物93件，三级文物759件。藏品中马家窑文化马厂类型彩陶鼓为中国已知最早的打击乐器之一，马家窑类型彩陶瓮、西周青铜盉、东汉墨迹纸、明代白瓷造像等文物均为不可多得的文物珍品。

兰州市博物馆馆藏文物主要来源为公安及工商部门移交、民间征集和市民捐赠等。藏品保管实行分类分库管理。文物库房设有陶器库、瓷器库、铜器库、钱币库和书画库，一级文物设有专库保管，馆藏的参考品、在账文物分开存放。各库房由各库管员分别管理，明确分工，责任到人。为确保馆藏文物的安全，不仅在管理上争取做到规范、科学，而且加大了对馆藏文物的保护力度，特别是在馆藏文物的预防性保护和数字化保护方面，也做了不少工作。

兰州市博物馆自成立以来除了文物收藏，还承担着抢救性考古发掘工作。

三、展览活动

1985年9月，兰州市博物馆首次在白衣寺大殿举办"中国历代货币展览"，共展出各种货币2700件。接着又推出了"兰州彩陶展"，展出马家窑、半山、马厂类型彩陶精品近百件。12月，为了庆祝"甘肃省钱币学会"成立，受甘肃省文化厅、中国人民银行甘肃省分行的委托，市博物馆在白衣寺大殿举办为期25天的"甘肃历代货币展"，展出各类古钱币4000多枚。

1987年12月，兰州市博物馆在白衣寺大殿举办"甘肃地方名人书画展览"，共展出明肃王朱识鋐和清代王了望、唐琏、张美如、赵冲谷、朱克敏、温虚舟等人作品五十余幅。

1988年8月24日，兰州市举办首届民间艺术节，兰州市博物馆在五泉山举办为期15天的"兰州彩陶展"，共展出马家窑文化、齐家文化各类彩陶八十余件。9月16日，由中华人民共和国公安部、国家文物局联合举办的"打击文物违法犯罪活动成果展览"在北京中国历史博物馆揭幕，历时半年，接待观众近百万人次。全国各省、市公安部门与文博单位均有参加。这次展览共展出各类文物近千件，其中兰州市博物馆的17件彩陶器等文物参加了展览活动。

1989年8月24日，兰州市博物馆在八路军驻兰州办事处举办为期40天的"兰州市文物普查成果展"，共展出各个时代文物珍品238件，各类文物图片141幅，向全市人民汇报了兰州市文物普查成果。

1991年9月28日，首次在新建成的兰州市博物馆展厅内举办"兰州历史文物陈列"展。展出各类文物近200件、照片16幅、沙盘模型2座，展览形式新颖，图片、沙盘、实物相辅相成，表现了兰州丰厚的历史文化底蕴。

1999年，在新建成的西展厅序厅、2楼展厅推出了基本陈列"兰州历史文物陈列"展，以"弘扬兰州文物精华、展示百年兰州风情"为宗旨，展线总长600米，以单元陈列方式展出反映兰州老城明清风貌的老照片40余幅，馆藏历史文物189件，其中国家一级文物38件。

2004年，在西展厅一楼策划推出"陇右翰墨——馆藏明清书画展"。

2008年2月起，兰州市博物馆率先向社会正式免费开放，除"兰州历史文物陈列""陇右翰墨——馆藏明清书画展"两个固定展览外，年均推出临时展览、流动展览十余场，更多的民众开始走进博物馆、了解博物馆，年均接待观众多达三十余万人次。

2017年1月和10月，兰州市博物馆分别与西北师范大学博物馆、西宁市博物馆联合举办"陇右遗墨——兰州市博物馆馆藏书画地方名家展"。

2018年5月，在白银市博物馆举办了"陇上珍藏·名家风范——兰州市博物馆馆藏清代民国书画精品交流展"。同时加大网络宣传力度，在网易平台、微信公众号上推出"市博精品说"和"陇右翰墨——馆藏书画赏析"两篇文章展示市博文物精品。

2018年，市博物馆上报的《馆藏文物数字化及活态艺术展示应用示范》项目入选国家文物局2018"互联网＋中华文明"示范项目，是甘肃省唯一入选的项目。

2019年，联合省、市、县三级博物馆分别在甘肃省博物馆、白银市博物馆、会宁县博物馆展出清代书画名家范振绪书画精品60余幅。复作开放后，先后举办《砚池沉香——兰州市四馆馆藏清代书画联展》《贞石风华——洛阳唐代墓志拓片巡展》《壮美黄河·诗意兰州——全国百名书法家写兰州》《到世界找敦煌——敦煌流散海外文物复制展》等，与省市博物馆合作完成《丝路孔道——甘肃文物菁华展》《落花流水——甘肃彩陶艺术展》等。

四、科研成果

（一）专著

《兰州文物》，兰州市博物馆出版图录，甘肃人民美术出版社，1996年7月第1版。

《兰州市志·文物志》，兰州市博物馆参编，兰州大学出版社，2006年1月第1版。

《陇右翰墨选粹》，兰州市博物馆出版图录，甘肃人民美术出版社，2009年12月第1版。

《甘肃博物馆巡礼——兰州市博物馆》，兰州市博物馆参编图录，甘肃人民出版社，2011年11月第1版。

《兰州古今碑刻》，兰州市博物馆退休职工薛仰敬出版专著，兰州大学出版社，2002第1版。

《兰州民居》，兰州市博物馆副研究员叶削坚出版专著，敦煌文艺出版社，2011年第1版。

（二）获奖

2012年，张艳玲荣获"甘肃省社科类优秀论文奖"。

2013年，朱亦梅获得"兰州市第七次社会科学优秀成果奖"三等奖。

2013年，叶削坚获得"兰州市第七次社会科学优秀成果奖"三等奖。

（三）荣誉

2004年，李晓林获甘肃省文物局颁发的"全省馆藏文物调查及数据采集工作先进个人"荣誉。

2011年，叶削坚被甘肃省文物局聘为甘肃省文物鉴定委员会委员。

2011年，李晓林获甘肃省人力资源和社会保障厅、甘肃省文物局颁发的"全省文博系统文化遗产工作先进工作者"荣誉。

2016年，陈永革、叶削坚当选兰州市首批"金城名家"。

2017年，朱亦梅获得"甘肃省第一次可移动文物普查先进个人"荣誉。

2018年1月，成立了"兰州市博物馆学术研究小组"，负责全馆科研工作的组织、协调、申报、督促、学术审议、评定与咨询。

2019年，李晓林被甘肃省文物局聘为甘肃省文物鉴定委员会委员。

第二节　创新陈展，让文物"活"起来

按照习近平总书记"让收藏在博物馆里的文物、陈列在广阔大地上的遗产、书写在古籍里的文字都活起来"的要求，众多博物馆积极应用大数据、云计算、人工智能技术，建立与公众的"超级链接"，通过门户网站、手机 APP、公众号等多种渠道，集中展示精美文物，讲好文物故事，不断创新文物传播方式。博物馆与教育、旅游、设计、动漫、影视的融合发展渐次开花，《国家宝藏》《如果国宝会说话》《我在故宫修文物》等节目全面热播，"文物带你看中国""故宫社区""数字敦煌"等精品展示使文物插上互联网翅膀，走出国门，走向世界。国家出台一系列政策措施，鼓励博物馆开发文化创意产品，探索通过 IP 授权等模式延伸博物馆产业链，让公众把国宝带回家。文物活起来已成为新时期博物馆事业的鲜明特征。当代博物馆不再是简单的藏品标本的收藏、展示，还必须融入新的设计理念，突破传统展示陈列方式，充分挖掘并发挥其在藏品、空间、文化资源方面所独具的综合优势，以创新的设计吸引观众，让人们在有限的空间中得到更多更新的乐趣、体验和收获，增加其在社会文化发展中的影响力。兰州市博物馆紧跟时代步伐，以国家"互联网＋中华文明"项目为平台，成功申报 2018 年度"馆藏文物数字化及活态化艺术展示应用示范"项目并在全国入选城市博物馆排名 15，是甘肃省唯一一个入选的城市博物馆。

一、兰州市博物馆资源数字化信息库建设

"馆藏文物数字化及活态艺术展示应用示范"项目通过对兰州市博物馆馆藏文物资源进行整理，选择典型文物进行采集和分析、挖掘，构建资源数据库的基础架构，形成兰州市博物馆文物数据库建设标准。

二、博物馆文物知识互动探索系统

充分利用"馆藏文物数字化及活态艺术展示应用示范"项目研发过程中的数字化内容和成果（图像、音频、影片、三维虚拟场景、全景互动等），以提高游客学习、观赏、娱乐体验为出发点，让游客在游览博物馆的时候不仅仅能直观地感受文物的历史背景，还能通过知识探索的模式，极大地提升博物馆参观过程的趣味性与互动性。

三、虚拟博物馆示范（VR 书画展）

通过三维建模技术构建真实性极高的书画展厅环境，以影视语言和游戏概念设计 VR 体验过程，构建场景、字画、字画内涵三个方面的活态化艺术展示。让参观者走入画中，与画中的环境和人物产生交融，带来全方面沉浸式的体验。此种形式适合于馆际交流及外出巡展及网络推广。

四、馆藏文物全息展示系统

建设全息成像系统两套，该系统基于立体投射镜成像原理，通过立体成像仪的处理，将采集处理好的三维文物模型数据转换成悬浮在空中的三维光影全息图像。

五、文创产品设计研发

深度挖掘文物和优秀传统文化资源，更好地促进文物与旅游资源相结合，设计研发一批选题创意新颖、特色突出、形式活泼，以文物元素为素材的文化创意产品，通过设计与服务，让文物本体的价值和内涵转化为产品走入群众，更好地发挥文化的传播教育作用。

六、馆藏文物数字化及活态化艺术展示

虽然新增设的陈展设备及展示手段还不完善，但我们想在第一时间通过技术手段，打破传统书籍阅读方式，将市博物馆的精品文物在书籍中让"它"活起来。我们在此章节挑选了具有代表性的几件文物，并经过技术手段处理，读者可用手机扫描图案，阅读相关信息，品味文物元素。

黑白彩水波纹彩陶豆

马家窑类型

高 10.7 厘米。胎呈砖红色，敛口，腹外鼓，腹下内收，高圈足。器表图案以黑白彩相间绘出，黑彩绘水波纹，波线之间填绘白彩，起点缀作用。图案绘于其外壁口沿至腹下部。器形制作规整精细，色彩鲜明，是同类器物中的精品。

旋涡锯齿纹双耳彩陶瓮

半山类型
城关区营盘岭出土

　　高 30 厘米。泥质橙黄陶，大口圆唇，口稍外撇，溜肩鼓腹，腹下内收，平底，双腹耳。黑、红彩绘图案，内口沿以连弧纹装饰；肩、腹部绘主题纹饰旋涡锯齿纹。器表打磨光滑，器形饱满稳重，纹饰鲜艳美观。

旋涡锯齿纹双耳彩陶鼓

半山类型
永登县河桥镇乐山坪出土

　　通高 30 厘米。泥质橙黄陶。鼓体采用泥条盘筑法经慢轮修胎制成，共分三部分，即喇叭形口、中筒和曲颈小口。两端近口沿处的同一侧各置一半环耳，喇叭形口外沿处置等距离的六个乳钉。施彩较满，在小盘口内沿以连弧纹装饰，外壁饰黑彩网格纹；中筒及喇叭形口壁均以黑、红彩间绘平行锯齿纹和旋涡锯齿纹。

　　就鼓体表面的施彩部位及附件设置看，应为单面鼓，是我国早期的原始打击乐器之一。

双勾纹圜底罐

青铜时代辛店文化

高25厘米，口径12厘米，底径7厘米。夹砂红陶，侈口，直颈，球形腹，圜底，双腹耳。施彩部位先以橙红色作底色，其上以黑彩绘纹饰。颈部分饰折线纹及网格纹；腹饰复线双勾纹。构图简单大方，器形敦实丰满。

单耳夹砂陶鬲

齐家文化

夹砂红陶，高44厘米。侈口，颈较高，单耳，圆腹，圆底，下承三袋足。器表通饰拍印纹，器形较大，制作精细。

以三袋足为特征的陶鬲是一项伟大的发明，它作为炊蒸器在中国历史上具有相当重要的地位。齐家文化中的陶鬲虽不是其代表器物，但是在一定程度上反映了当时社会生活习惯和炊蒸器的整体情况。

迦叶泥塑头像

宋代

重 7.703 千克。神情坚毅，是一位信念坚定的苦修者形象。塑像头顶隆起，额头皱纹较深，双目内陷，颧骨突出，脸颊下凹，鼻翼较宽。张嘴露齿，表情似在"棒喝"执迷不悟者。塑像刻画入微，手法细腻，为典型的宋代风格。

西周卷体夔纹青铜簋

甘肃灵台新集乡万宝川农场出土

高 14.6 厘米，侈口，腹壁较直，下腹部微外鼓，圈足较高，且向外撇。兽首耳，耳下有珥。器表纹饰主要装饰在器腹及圈足。腹部为云雷纹衬底的卷体夔纹；圈足处为云雷纹衬底的对鸟纹。器形庄重，纹饰精美，是西周时期重要的礼器。

青铜簋出现在商代早期，但数量较少，商晚期逐渐增加。商周时期，簋是重要的礼器，特别是在西周时代，它和列鼎制度一样，在祭祀和宴飨时以偶数组合与奇数的列鼎配合使用。青铜簋主要盛行于商至春秋时代，战国以后，簋就极少见到。

"王"字簋形铜炉

明代

榆中县来柴堡乡肃王墓出土

通高37厘米。炉体呈抹角长方形，有盖，盖顶铸三只雄狮，狮口与炉内相通，炉体两侧面各铸一只螭虎。器腹中部錾刻云雷纹衬底的对鸟纹，正中一"王"字。簋形炉置于束腰长方形木座之上，底座以镂雕花纹装饰。

老子骑牛铜造像

宋代

高58厘米。范铸而成。老子骑于牛背之上，面相瘦削，头顶无发，头发向后梳及肩部，鼻子高挺，嘴略带笑意，两眼平视前方，右手牵缰绳，左手扶腰。着宽袖长袍，腰系带，穿布鞋，腹略鼓，衣摆搭于足面。牛站在椭圆形四足座上，口衔环，双耳直立，形体健硕，为道教题材的造像。

鎏金铜佛像

明代
兰州白衣寺多子塔塔刹出土

　　佛像高 16.5 厘米。铜质，鎏金，大部分鎏金已脱落。佛像结跏趺坐于莲台之上，着袒右肩袈裟，高肉髻，面相丰圆，头微垂。左手施禅定印，右手施触地印，台座前置金刚杵。宽肩细腰，衣纹用简练的线条表现，流畅自然。须弥座及背光均为木质，背光为舟形，上雕火焰纹，背后有墨书题记："大清道光二十三年重修"。此像不仅是珍贵的历史文物，也为该塔的维修或重修提供了资料。

七、推动文创产品研发

作为公益类文化文物单位的博物馆，是中华优质文化资源的集中保存地，利用藏品所蕴含的传统文化底蕴，把文化精髓创意设计到文化创意产品当中，并且让其融入人们的生活。在笔者看来，这不只是将文化元素提炼转化成产品，更是新的一种陈展方式，贴近百姓生活的传播陈展。兰州市博物馆结合《大河流韵》基本陈列展览，策划设计研发了一批文创产品。每件产品有一定生活用途并能通过文物器物的形象图案，把兰州地域的"彩陶文化、黄河文化"等传统的文化文明带回家，或者说把博物馆的展览、文物反映的社会思想带回家。市博物馆创作第一批文创产品刚刚起步，所有系列产品以"黄土色"为基调色，代表我们的地域文化色彩，以彩陶、青铜、字画等文物元素为图案，反映兰州馆藏精品文物展示内容。

产品名称：穿越千年陶瓷马克杯

设 计 者：郑　炜

设计理念：

　　设计主体为生活中常见的马克杯，陶瓷烧制，外表釉面光滑，色泽均匀，杯口正圆无变形，杯子把手安装正直，和杯体连接的地方无缩釉。主体图案灵感来源于兰州市博物馆所藏"老子骑牛造像"，老子名李耳，是中国古代伟大的哲学家和思想家，道家学派创始人，被唐朝帝王追认为李姓始祖。兰州市博物馆的"老子骑牛造像"，老子长发须眉，手持拂尘，威严肃穆，有仙风道骨之感，而他的坐骑，那一头青牛代表着"地势坤，君子以厚德载物"的精神，正符合老子所创立道家的思想宗旨。设计者将青铜造像施以彩色，整体线条勾勒卡通化，同时诙谐俏皮地在杯体背面设计了一句"我就是这么牛"，既展现了该文化元素的厚重感，又摒弃了青铜造像的古板无趣，充分迎合当前青少年观众群体向往自由、不拘泥于教条的自信心理。

器之美U盘

正面

反面　　　侧面

效果图

产品名称：器之美U盘

设 计 者：牟海霞

设计理念：

　　此件文创产品设计灵感来源于兰州市博物馆收藏的众多彩陶器，市博所藏彩陶器型众多，涵盖了马家窑文化、齐家文化、寺洼文化等诸多文化类型，这些彩陶纹饰生动活泼，器型众多。U盘是常见的办公用品，将彩陶纹饰予以提炼，装饰于U盘上。最值得一提的是，此件文创产品将传统长方形、方形的U盘予以变形，直接设计为彩陶罐式样，再在其上设计花纹，设计时延续彩陶一般多装饰在器物的口沿和上腹部，下腹和底部多不施彩的特点，没有将彩陶纹饰生搬硬套，而是提取了圆点、勾叶、弧线三角和曲线等较有代表性的纹饰，重新排列组合成连续带状花纹，既保留了彩陶纹饰的特点，又不拘泥古法，整体效果十分美观大方，可谓是一件融合了彩陶艺术性和实用性的文创产品。

产品名称：棉麻抱枕

设 计 者：董亚莉

设计理念：

　　此款文创产品艺术灵感来源于兰州市博物馆所藏双鱼纹青铜镜，以"给灵魂一个柔软的依靠"为设计理念，将硬朗的古青铜镜纹饰和柔软实用的棉麻抱枕相结合。设计之初就创新性地把常见方形抱枕变形为和铜镜一样的圆形，同时提取青铜镜上常见的鱼戏莲叶纹饰加以设计提炼，选取双鱼的设计，一是寓意富足、完美、情爱，二是便于构图，使整个抱枕画面显得饱满匀称。设计好的抱枕表面为主题纹饰，底纹为浅浮雕翻卷的波浪纹，用蓝色表现，有"尺水兴波"之感；波浪间浮雕二尾锦鲤，造型生动逼真，首尾相接，同向回游，逐浪于清流之中，画面充溢着一种灵动的情趣。外区较窄，环饰变形后的缠枝莲纹，尽显吉祥、欢乐的情趣。

产品名称：古韵帆布包

设 计 者：叶削坚

设计理念：

　　此款帆布包古韵十足，既简约典雅又非常实用。设计理念来源于兰州市博物馆收藏的历代青铜镜。铜镜一般是由含锡量较高的青铜铸造，在古代，最早是用来祭祀的礼器，春秋战国至秦一般都是王和贵族才能享用，到西汉末期铜镜才慢慢走向民间，是人们不可缺少的生活用具。铜镜制作精良，形态美观，图纹华丽，铭文丰富，是中国古代青铜艺术文化遗产中的瑰宝。此件文创产品在设计时用了帆布材质，这种较粗厚的棉麻织物，最大的特点就是结实耐用，且具有良好的防水性能。设计纹样时没有直接生搬硬套铜镜上的纹饰，而是将青铜镜背面的纹饰一一做了拆分，分为主体纹饰和装饰纹饰两部分。

产品名称：吉祥如意刺绣鼠标垫

设 计 者：李晓林

设计理念：

　　随着电脑的广泛普及，鼠标垫作为配套物品也进入千家万户。此件文创产品以鼠标垫为表现载体，以传统刺绣为表现手法，提取彩陶常见波纹加以变形设计。设计者非常熟悉彩陶器装饰纹样，设计时保留了其艺术性强和表现内容丰富的特点。传统的旋纹一般是以四个旋心为中心，个别的有六个或更多，旋纹均按逆时针方向旋转。旋心由多道黑色锯齿带与红带相间线条或宽带连接，组成二方连续的图案，更增加了视觉上的旋动效果。若俯视这些旋纹，能使人产生一种眩晕感。设计者保留了这种以流畅的线条绘出的动感强烈的旋纹，像千姿百态的黄河浪涛，凝聚在奔流不息的河流中。

器之美便携笔记本

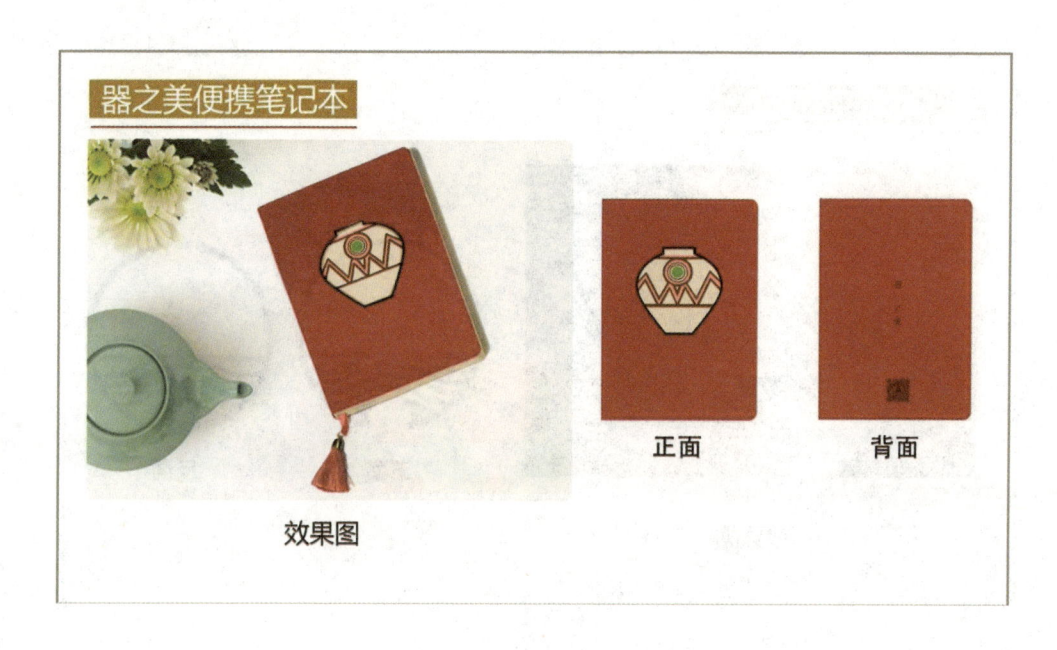

效果图　　　　　正面　　　　　背面

产品名称：器之美便携式笔记本

设 计 者：陈　虹

设计理念：

  兰州市博物馆馆藏丰富，尤其以马家窑类型彩陶为代表，马家窑彩陶具有非凡的文化价值、历史价值、观赏价值和收藏价值，内涵十分丰富，是世界上其他任何一种远古文化都无法比拟的，它的文化价值和收藏价值正在被越来越多的人所认识。设计者选取马家窑文化半山—马厂类型的典型器型，罐形为大口短颈。圆形的腹部，腹部下端向内曲收，最大鼓腹处有两个对称的小耳，这种器型多用红泥质陶制成，所以将笔记本封皮设计为红色。纹饰选取了网格纹、锯齿纹图案，是半山—马厂类型中最盛行的纹饰，也是这个时期的特点，反映了当时原始装饰已由单纯的像生图案发展到了较抽象的圆弧几何图案，也反映了人们形象思维的进步。

仰韶纹饰百搭耳坠

效果图　　　　　正面　　　反面

产品名称：仰韶纹饰百搭耳坠

设 计 者：杨文玉

设计理念：

　　此件文创产品选取了彩陶纹饰中常见的垂弧纹为基础装饰纹样，灵感来源于兰州市博物馆所藏的众多彩陶器。主体图案选取了垂弧纹，垂弧纹是半山时期出现的纹样，使用率较高，由多层向下弯垂的连续弧形带纹组成。早期为单线垂弧，是由马家窑类型的水波纹发展而来，为辅助纹饰，一般装饰在壶、罐类器物的腹部，主体图案的下沿一周。设计者加大了垂弧跨度，以四条平行的垂弧纹使构图更加精细立体，使用在耳坠这一女性装饰品上，更显柔美。耳坠整体设计为圆形，远望如彩陶罐口，又似彩陶钵俯视图。垂弧纹上点缀珍珠两粒，一大一小相互呼应，恰似月升于海上，洒满光辉，又代表马家窑彩陶内涵丰富，是世界上其他任何一种远古文化都无法比拟的，是甘肃大地上难得的瑰宝。

葵口花卉镜陶瓷牙签罐

效果图

背面　俯视

正面　侧面

产品名称：葵口花卉镜陶瓷牙签罐

设 计 者：孔　瑛

设计理念：

    青铜镜是一种古老的由青铜所制的使用器物，也是精美的工艺品。此件文创产品以花卉镜背面图案为装饰纹样，以牙签罐这一实用器物为表现载体，将蕴含传统文化的纹样表现在现代日常用品之上。铜镜上的纹饰雕刻手法多种多样，无论是线雕、平雕、浮雕、圆雕、透空雕，都显得非常细腻生动。纹饰内容更是丰富多彩，从几何纹饰到禽鸟花卉，从神话传说到写实图案，天上人间，人神杂陈，动物植物，交织并列，构思巧妙，包罗万象。此件文创产品设计者选取了花卉纹样，讲究图必有意、意必吉祥，同时印有兰州市博物馆官方微信二维码，起到了宣传文物、宣传博物馆的作用，配合陶瓷材质，也符合家庭日常使用的要求。

马厂彩陶烫金胶带

效果图

花纹

产品名称：马厂彩陶烫金胶带

设 计 者：李芬玉

设计理念：

  此件文创产品设计理念来源于兰州市博物馆馆藏的马厂类型彩陶，马厂类型是因为最早发现于青海民和县马厂塬而得名，在距今4350年至4050年之间。从考古发掘来看，其分布范围与半山类型大致相同，只是发展到了河西走廊的西端玉门一带，主要在甘肃和青海两省境内。马厂类型彩陶常见的装饰纹样有人形纹、四大圈纹、网纹。胶带作为百姓日常使用的学习用品，具有体积小、用途广的特点，此件文创产品设计，将胶带平面视为彩陶纹饰体现区，选取彩陶纹饰加以变形表现。为了更生动地表现彩陶纹饰的装饰性，胶带印花工艺为烫金，利用热压转移的原理，将电化铝中的铝层转印到承印物表面以形成特殊的金属效果，配合古朴的彩陶纹饰，相得益彰。

青铜物语软磁冰箱贴

效果图　　　　　　　　正面　　　　　　　反面

产品名称：青铜物语软磁冰箱贴

设 计 者：赵敏瑜

设计理念：

  中国的青铜器艺术，经历了夏、商、西周和春秋战国千余年的发展，形成了独具特色的青铜文化。商周青铜器是中国古代青铜器的最重要组成部分。由于商周青铜器纹饰与王权、神权的结合尤为突出，其神秘、独特、璀璨的艺术特征延续了十多个世纪并营造了中国早期文明的极浓厚的神秘氛围，从而使它不仅直接作用并支配了那一时代，而且也对后来的中国文化及艺术产生了深远的影响。此件纹饰从兰州市博物馆所藏青铜器上提取灵感，为淡化青铜器兽面纹狰狞、神秘、规整、威严的气氛，将青铜器上的纹饰加以变形，以线条形式抽象表现，沿用了青铜器纹饰以鼻梁为中线，突出正面造型，两侧作对称排列，上端第一道是角，角下有目，目侧有耳，多数有爪，两侧有左右展开的躯体或兽尾的特点。

人面纹饰手机壳

效果图

5视图

产品名称：人面纹饰手机壳

设 计 者：计震海

设计理念：

　　此件文创产品选用手机壳为载体和表现形式，是针对年轻客户群体而量体裁衣。手机在市场中的销量与日俱增，手机设计"千机一面"的现状已经不能满足消费者的审美和个性化需求，设计并生成一款有文化内涵的手机壳，既可以吸引青少年群体，又可以宣传我国优秀的传统文化，可谓现代与传统的有机结合。这件文创产品人面作圆形，眼睛，眉以上和人中以下为蓝底黄纹，中间为蓝底红纹。这种蓝黄红的对比增强了装饰效果。在头顶和太阳穴、嘴等部位装饰有鱼纹或向上弯的钩纹，异常奇特。眼以上涂成黑色或空白的圆角形，耳部或作向上的弯钩，或饰鱼纹，嘴用两道相交的斜线表示，极具装饰性。

祥猫福瑞金属胸章

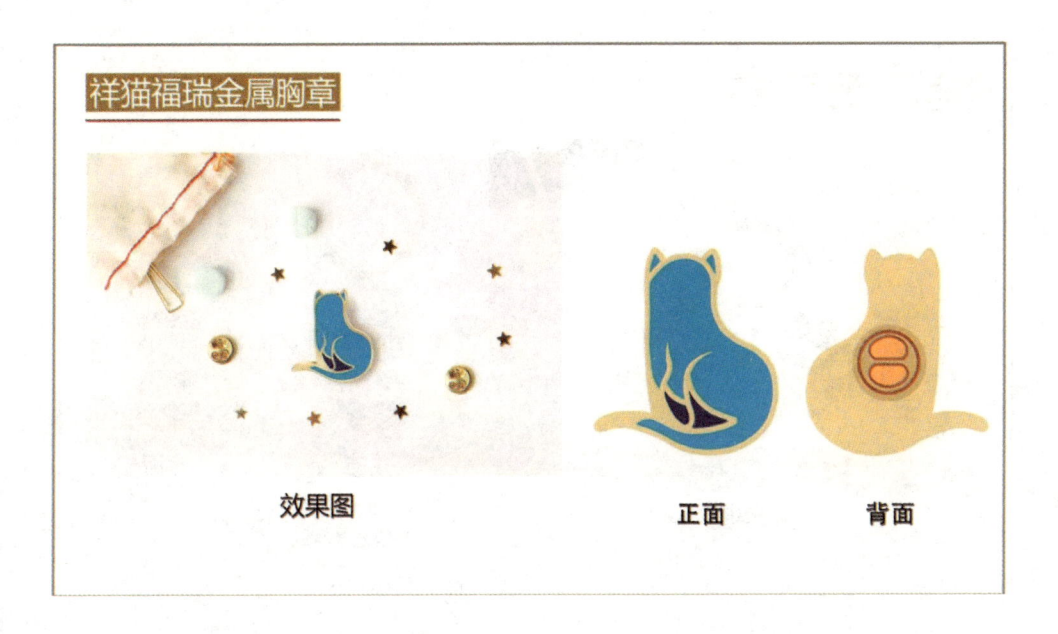

效果图　　　正面　　　背面

产品名称：祥猫福瑞金属胸章

设 计 者：伏 宓

设计理念：

　　此件文创产品取材于兰州市博物馆所藏清代书画家的《耄耋图》。猫作为题材入画由来已久。俗语说"狗来富，猫来贵"。"猫"谐音"耄"，因而具有祈求长寿的吉祥寓意，成为入画的好题材。画史记载，善画猫者，唐代有卢弁、刁光胤，南唐有郭乾佑，五代有李霭之。宋代祁序的猫在当时被称为一绝，罕有能与之相较者。李交也是画猫名家，靳青的猫据说能像真猫一样驱赶老鼠，何尊师专工猫画，为时所称。元朝王渊，明代张金、朱瞻基、李孔修、沈周、陶成、商喜、仇英，清代阿尔稗、沈振麟、任伯年、季应召等皆有所擅长之猫作传世。产品为胸针，以可爱优雅的猫背身图为轮廓，蓝色做底，金色勾线，色彩搭配艳丽，对比突出，具有极强的装饰性，将传统中国画中的猫素材提炼成了更受当代年轻观众喜爱的图案。

铜釜甑金属钥匙扣

效果图

正面　　背面

产品名称：铜釜甑金属钥匙扣

设 计 者：火克淑

设计理念：

　　1987年9月兰州市博物馆在清理城关区伏龙坪龙尾山东汉砖墓时，发现了一个保存完整的铜釜甑。釜和甑，皆古炊煮器名，分为上下两部分，上部为甑，放置食物；下部称釜，放水。甑与釜之间有铜箅。箅上有孔，釜中水加热后，蒸气通过箅孔蒸热甑内食物。文创设计者选用东汉铜釜甑为设计来源，抽象地以线条形式表现这一古代实用器物，将其缩小成为一个钥匙扣，保留了金属材质的厚重大气。在纹饰设计上，简单化、线条化，尤其是在釜的部分，大量采用了红色线条，反映出加热、用火的概念，彰显着釜为加热部分的概念，波浪纹的运用又表现了此件实用器物使用时离不开水，可谓方寸之间见真章。小小的钥匙扣，以鲜活的思想和生命发挥着文化传承的重要价值。

四大圈纹晴雨伞

效果图　　　　　正面　　　　　反面

产品名称：四大圆圈纹晴雨伞

设 计 者：郭宏智

设计理念：

  四大圆圈纹是马厂类型最具代表性的典型纹饰，是由半山类型的旋纹演变而来。四大圆圈纹主要装饰于大型壶、罐的上腹部，先用红色带绘四大圆圈，内外绘黑色带圈，圆圈内填以各种各样的几何纹，常见的有网格网线纹、菱格纹、斜方格纹、三角纹、折线纹、十字纹、圆点圆圈纹、回形纹和肢爪纹等图案。这种装饰手法为以后瓷器上的图案开创了先河。设计者创新性地将四大圆圈纹平面化，并装饰在晴雨伞表面，以晴雨伞表面为一个装饰平面，四大圆圈排列紧密，非常规整，内圈为红色带圈，圆圈之间上下的空白处用黑色三角弧线填充。晴雨伞整体为淡黄色，纹饰为金黄色，远远看去如古朴的马家窑彩陶，彩陶虽然随着社会的进步退出了实用器物的行列，但设计者将彩陶纹饰的美应用到了我们现代日常生活中。

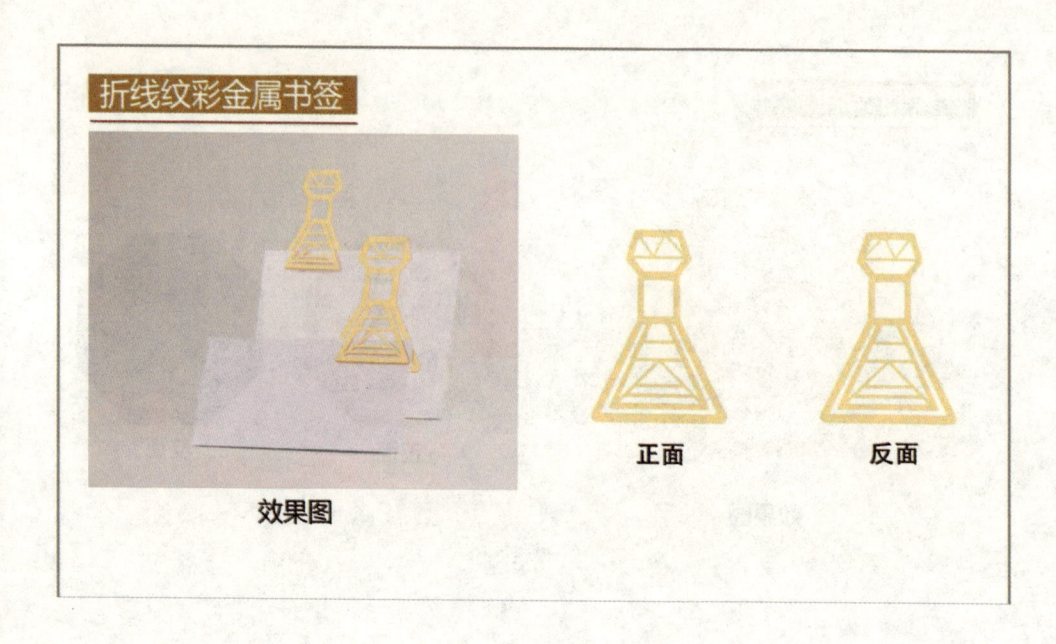

产品名称：折线纹彩金属书签

设 计 者：权 清

设计理念：

　　文创设计者设计的这款书签，线条明快简约，通体金色，实用性极强。书签整体上小下大，由一个变形长方形和一个梯形组成，这个图案来源于兰州市博物馆收藏的马家窑文化马厂类型彩陶鼓。该鼓于1986年出土于甘肃省兰州市永登县乐山坪，呈漏斗形，粗端呈喇叭口状，另一端形似罐状，口部朝向外侧，通过鼓身中部的圆筒与粗端的喇叭口相贯通。粗细两端对应位置各有一个扁桥形器耳，穿绳后可以携带和悬挂，也可以背挎在人身上进行表演。彩陶鼓在远古时期的祭祀、乐舞、征战、狩猎等活动中多有使用，有时也兼作报时、报警的工具等，尤其被尊奉为通天的神器。设计者取材于彩陶鼓独特的器形，以通体折线的形式制作了此件书签，让现代观众在读书学习之时，通过这一个小小的书签体味到远古先民的巧思妙想。

第三节　聚焦新时代，提升博物馆公众影响力

我们应该清醒地认识到，兰州市博物馆总体发展水平与群众日益增长的美好生活需求相比，还有很长的路要走，与其他城市博物馆相比，无论是人均占有率还是服务质量，都有很大的距离。首先，发展定位待深化。兰州市博物馆在增强城市文化影响力、促进兰州市文明交流互鉴、提升城市形象等方面的作用尚未充分发挥；在增强文化实力、提升公民道德素养、加强群众文化教育的作用尚待进一步挖潜；在助推经济发展、促进产业升级方面的作用尚待进一步提升。博物馆发展尚不能适应人民群众精神需求、社会需求、物质需求等多层次、多元化的美好生活需要。其次，体系布局待优化，功能发挥待完备。历史欠账导致博物馆发展不平衡、不充分问题尚未得到根本解决，服务设施建设低水平，发展相对迟缓；质量不高，受场馆面积限制，只有一个基本陈列，相对单一、枯燥，以反映历史文化及地域文化的藏品为主，优秀传统文化、革命文化、反映社会主义先进文化的现当代物证资料收藏征藏工作基本是空白，有待进一步加强；展览选题与经济社会发展、公众需求的结合不够紧密，体现中华优秀传统文化当代价值诠释的选题策划有待进一步完善，对展品背后的信息挖掘和解读的深度不够，展览内容的知识性、趣味性有待进一步提升；现代科技手段和新媒体的应用不充分、不合理，展览的传播能力有待进一步提高；博物馆教育资源梳理凝练有待进一步强化；敢用、会用、善用社会优质资源的意识和能力急需加强，资源共建共享机制有待进一步健全；博物馆尚未实现从"以物为中心"到"以人为中心"的转变，博物馆为民、惠民、便民服务措施有待进一步丰富。

党的十九大提出建设美好生活的号召，面对人民对于美好生活的新期待，面对公众日益多样化、个性化的文化需求，博物馆必须积极拓展视野，延伸功能，转变定位，担当责任，努力做好当代中国人民为实现中华民族伟大复兴的中国梦而奋斗的见证者、参与者和贡献者。首先，新时代引领博物馆事业迈出新步伐。

当前，我国博物馆事业正处于历史上最好的时期。以习近平同志为核心的党中央高度重视博物馆建设，将博物馆事业与国家战略、国运发展密切相连，作为覆盖城乡、便捷高效、保基本、促公平的现代公共文化服务体系的重要组成部分。中共中央办公厅、国务院办公厅印发《关于加强文物保护利用改革的若干意见》，将"激发博物馆创新活力"作为一项重要改革任务。各级政府不断加大对博物馆事业的投入，着力提高公共文化产品供给能力，努力保障人民基本文化权益。博物馆工作者生逢伟大时代，有幸参与传承中华优秀传统文化、继承革命文化、发展社会主义先进文化的伟大事业，理应按照新时代的要求，坚定地迈出改革发展的新步伐。其次，博物馆工作要有新作为。博物馆的功能和性质，始终随着社会发展而不断演变，早已不再是一个单纯的文物保存组织，而兼具文明传承、科学研究、终身教育、公共服务等职能。博物馆应当全面认识自己的角色，统筹发挥复合功能和综合优势，大胆探索，积极作为，主动融入经济社会发展大局，努力为社会和社会发展提供更多更好的服务，成为培育社会主义核心价值观、滋养提升国民素质的新家园，保存、生产、传播知识的新宝库，民众休闲、交往的新空间，促进文化旅游消费和相关产业发展的新引擎，发挥其连接过去、现在、未来的桥梁作用。兰州市博物馆要根据需要和馆藏资源，办好基本陈列，努力适应新形势新要求，拓展展陈思路，在创新和服务上多下功夫，发挥好引领和示范作用；同时对区县级博物馆、重点非国有博物馆给予指导和帮扶，为中小博物馆的发展做出贡献。积极发挥特色，面向公众提供多样化服务；同时鼓励和引领民间收藏为社会服务。最后，贯彻落实好博物馆事业发展新任务。博物馆事业当前正面临着前所未有的发展机遇，也面对着日益突出的与人民美好生活需要之间不相适应的矛盾。当前的重中之重，是贯彻落实好《关于加强文物保护利用改革的若干意见》中有关博物馆改革发展的要求，直面博物馆在发展定位、体系布局、功能发挥、体制机制等方面存在的困难和问题，对症下药、分类施策，旨在激发博物馆内生动力，推动博物馆高质量发展。一是要根据自身优势和发展定位，放宽视野，学习借鉴国外的、国内的成功经验，调动自身的优势、传统和积极性，争取兰州市委和市政府支持，化被动工作为主动工作，多请示、多汇报、多喊多叫。二是把服务社会、创新发展作为主攻目标，尤其是要重视和研究社会新需求。强化"博物馆+"，提供更多服务。要促进博物馆与相关行业的跨界融合，提升改革发展的效果，要关注和满足观众的需求，提升陈列展览水平，避免"千展一面"；要制定服务标准，建立馆校合作长效机制，规范博物馆研学旅行，增强博物馆终身教育效果；要推进文物资源开放共享，实施博物馆知识产权授权，提高文化创意产品开发水平；要加强与各类媒体合作，制作播出更多文物精品节目，让博物馆进一步融入公众生活；要积极探索兰州文物故事的"走出去"表达，增进城市文化交流合作，共享人类文明发展成果。

  文物是文化的印证，文化是文物的解读。为了全面提升新时代文物工作传播力和影响力，力求让更多的群众通过市博活动窗口了解自己家乡丰厚的文物资源，我们推出了一系列活动措施，借本书一角展示活动之一"我为馆藏文物代言"。该活动以小视频、现场云的方式，通过讲述文物知识和故事，搭建观众与文物之间的心灵桥梁，让观众通过直观的视听感受，体味到文物的文化温度。

代言人：陈 喆　兰州市博物馆讲解员

代言文物：白衣寺塔

白衣寺塔位于兰州市博物馆院内，距今已有将近400年的历史，历经多次地震，依旧安然无恙，1981年被甘肃省人民政府评为省级文物保护单位。

明朝初年，明太祖朱元璋出于军事考虑，从东北到西北沿长城一线分封九位亲王，镇守甘肃的被称为"肃王"，肃王在甘肃共存在200多年，历经九世十一位王，其中的末代肃王朱识鋐于崇祯四年，即1631年派人修建了这座白衣寺塔。白衣寺塔作为肃王的家庙，起到了为自己和一方百姓祈福、祭祀、传承子嗣、表达对皇恩的感激的作用。此塔又被人们称为多子塔，相传是为了肃王及王妃们祈求子嗣而建。直到今天，经常有人来到塔前祭拜，祈福。

白衣寺塔为实心砖塔，高25.7米。由塔基、须弥座、覆钵楼阁式塔身及塔刹四部分组成。下部的覆钵式塔身为藏传佛教风格，上部的楼阁式塔身由12层楼阁组成，是汉族建筑风格。所以白衣寺塔是典型的汉藏结合的建筑艺术。每当起风时，铃随风动，便听到叮叮当当悦耳的铜铃声。

1987年，兰州市博物馆对白衣寺塔展开了维修。伴随着维修的步步深入，人们意外地在塔刹内发现了46件明代珍贵文物，而这些珍贵的文物是谁放入塔中的呢？又是什么时候放的呢？其中两件金簪的银质簪柄上刻有铭文21字"崇祯五年八月初十日肃王妃熊氏施，伴读姚进兼装。"这段铭文告诉我们崇祯五年肃王妃熊氏把这些文物"施"给白衣寺塔以做镇塔之用，由此也就更加确定了白衣寺塔的完工时间和这批珍贵文物放入塔刹的确切年代。

如今随着时代的发展，兰州的面貌已经发生了翻天覆地的变化。正因为如此，创自明代的这座白衣寺塔也就显得愈加弥足珍贵。而我们通过对这历史悠久的白塔的考证，来回味那昔日的别样风情，能在对兰州昨天的了解中，更加看清兰州的今天，并且满怀信心地迎接美好的明天。

代言人：武　玥　兰州市博物馆讲解员

代言文物：半山类型旋涡锯齿纹彩陶鼓

　　这件彩陶鼓出土于永登县乐山坪，属于马家窑文化半山类型，距今已有四千多年的历史，是同时出土的七件彩陶鼓中最为精美的一件。

　　彩陶鼓长为30厘米，泥质红陶。陶鼓小口径一端为颈部，另一端为大喇叭形鼓身，口沿外侧有七个"倒钩"，用来固定用于击打的兽皮，鼓身中空，有良好的发声效果，两端口沿的外侧各有一环形耳，可以系上绳索，由演奏者背携击打使用。

　　彩陶鼓通体施彩，在颈部的小敞口外绘有黑色网格纹、红色条带纹，大喇叭口的外壁绘有三个非常大的旋涡锯齿纹。红黑相衬，规整有序。整个纹饰流畅自然，充分表现了先民们对自然的崇拜，刻画出了水的动态与静态之美。

代 言 人：马晓芳　兰州市博物馆讲解员

代言文物：东汉墨迹纸

　　东汉墨迹纸，是 1987 年 9 月兰州市博物馆专业人员在清理兰州市城关区龙尾山伏龙坪墓室时，在一块铜镜的镜囊中发现的作为衬垫物的圆形墨迹纸张，直径 17.5 厘米，出土时呈白色，纸张柔软有韧性，麻纸，边沿少许残缺，有墨书 40 余字，书体介于隶书与楷书之间。

　　纸是中国四大发明之一，即使在机制纸盛行的今天，传统的手工纸依然发挥着它不可替代的作用，古代的纸在流传至今的古诗画中焕发独有的光彩。

　　国外的游客来到中国，看到古人们留下来的这些墨迹，也不禁感叹中国的文化，这也许是唯一能与古人交流的方式了。

代言人：秦　巍　兰州市博物馆讲解员

代言文物：西夏首领印

　　"西夏首领印"，一级文物，现藏于兰州市博物馆。宋朝时，在中国的西北地区曾经出现过一个由少数民族创建的政权，就是历史上著名的西夏王朝，他们自称为大夏国，国都是兴庆府，在今天宁夏银川。西夏有着近两百年的兴衰史，创立了独具特色的西夏文化。而兰州市博物馆所藏这枚西夏铜印，上边铸有西夏文"首领"二字，是当时在西夏军队中的领袖使用的。据有关专家考证，这枚铜印是具有世袭身份和较高地位的族长领袖使用，他们在西夏政府中或部族中担任领袖、武职或其他的相应官职。一枚西夏首领印，彰显首领之气魄。它是身份、地位、权力、等级的象征。

　　也有专家说，这类印在清朝末年的著录里就可以看到，但却不知道它究竟是什么印，直到20世纪初，西夏文字开始被解读，才确定它为西夏官印，并将铜印印面上的主文字翻译出来，确定了是"首领"二字，从此将这类印统称为"首领"印。

　　印章，信也，权也。

　　古往今来，印章是权力和身份的象征，在今天看来，更是责任和信用的体现方式。

　　这类西夏文铜印的发现，对我们了解神秘的西夏国有着独特的价值，是我们不断解密西夏王朝和西夏文化的钥匙，也为我们不断研究西夏文明提供了宝贵的实物资料。

代言人：陈　喆　兰州市博物馆讲解员

代言文物：金累丝嵌青玉抱子观音簪与金累丝嵌白玉鱼篮观音簪

　　簪作为古代妇女的首饰，不仅起到装饰的作用，簪头制成的精美造像还能托物寄情、表达心声意愿。金累丝嵌青玉抱子观音簪，簪首为送子观音坐像，观音手托一小儿。金累丝嵌白玉鱼篮观音簪，簪首为鱼篮观音造像，观音手提鱼篮。

　　这两枚发簪是从哪里发现的？又有什么特殊寓意呢？

　　1987年，兰州市博物馆在对白衣寺塔进行维修时，于塔刹内意外发现一批珍贵的文物，有佛像、头饰、瓷器、丝绸等。其中，金累丝嵌青玉抱子观音簪和金累丝嵌白玉鱼篮观音簪工艺复杂精美、铭文清晰、保存完好，后来被鉴定为国家一级文物。两件发簪的银质簪柄上刻有铭文21字："崇祯五年捌月初十日肃王妃熊氏施，伴读姚进兼装。"，这段铭文告诉我们崇祯五年肃王妃熊氏派人把这些文物"施"给白衣寺塔以作祈福、镇塔之用，由此也就更加确定了这批珍贵文物放入塔刹的确切年代。

　　两件发簪既有相似之处又有区别。它们的相似之处是都以明代发达的金嵌珠玉工艺制成，其用材主要有金、玉、银、珍珠、红宝石等。造像均为质地上乘的白玉，边饰则主要使用累丝工艺，用极细的金丝编成把莲题材，镶以珍珠宝石，尽显其华贵富丽。完美再现了明代发达的细金工艺之高超技术。

　　通过比较可以看出，这两件发簪在制作工艺、造型上存在一些差异。送子观音以使用浮雕为主，突出肃穆与厚重的造像气质。鱼篮观音以使用镂雕为主，突出活泼与轻灵，又使用细弹簧镶以珍珠，更具动感。在题材上，送子观音的把莲为一莲花、一莲叶、一莲蓬，莲蓬上施蓝色珐琅彩，莲蕊镶珍珠和红宝石；而鱼篮观音的把莲组合中无莲蓬，花蕊均镶以红宝石，无珍珠。莲座造像也不同。送子观音下部为三层仰莲座，逐层伸展。鱼篮观音则为束腰仰覆莲座。为什么会有这些差异呢？这与这两身观音所具有的不同功能意义有关。

　　白衣寺塔出土的这两件簪应为供施之用。白衣寺塔又被称为多子塔，相传是为肃王和王妃们祈子而建。施入塔内之物自然是为祈子而施，簪首造像为送子观音则直接表达了祈子的意愿。

　　它们的出土，既肯定了白衣寺塔求子祈福的意义，更以实物展现了明代高超的金嵌珠宝技术，反映了明代手工业发展水平，是难得的明代金镶玉首饰精品。

代 言 人：马晓芳　兰州市博物馆讲解员

代言文物：释迦牟尼金铜造像

　　明代鎏金释迦牟尼金铜佛像1987年出土于兰州白衣寺多子塔塔刹。佛像高16.5厘米，铜质鎏金，全跏趺坐式，高肉髻、螺发，大耳垂肩，脸形方圆，且眉间饰圆形白毫，高鼻深目。佛像双臂修长圆润，右手施触地降魔印，左手施禅定印。身着袒右肩袈裟，衣纹线条飘逸灵动，身体比例匀称协调，法相端正，给人一种栩栩如生的禅意之美。这也足以证明古人在雕塑艺术方面的高超技艺。因此兰州市博物馆的这座明代鎏金释迦牟尼金铜造像被定为国家一级文物。

　　佛教是世界三大宗教之一，产生于公元前10世纪的古印度，由乔达摩·悉达多所创立。乔达摩作为佛教鼻祖，也被后世尊称为"释迦牟尼佛"。

　　相传释迦牟尼佛前身修行时，就是一个仁慈宽厚的人。他悲天悯人、心肠慈善，常常解救众生于苦难之中。有一天他外出宣扬佛经，在山野竹林间遇到了一只饥饿羸弱、奄奄一息的老虎，佛祖顿生大慈悲心，刺身出血，舍命喂虎。一时感动上苍，大地震动，天雨众华。

　　佛教艺术是人类智慧的结晶，记录着源远流长的宗教文化成就。而佛教艺术中，光彩夺目的金铜佛造像，用它坚硬光润的质地、丰富多彩的造型、庄严肃穆的神威和怜悯苍生的慈爱抚慰着人们的精神和灵魂。它是中国文化艺术宝库中的瑰宝，更是雕塑艺术之林的一颗璀璨明珠。

代言人：牟海霞　兰州市博物馆讲解员

代言文物：马家窑半山类型四大圈纹双耳彩陶壶

世界上许多古代文明都是由大河滋养而繁衍的，我们的黄河流域则孕育了古老的华夏文明，也造就了甘青地区新石器时代彩陶的辉煌。甘肃作为彩陶之乡，最引人注目的当数马家窑文化。马家窑文化距今5800年到4000年，有着自己独具一格的特色和自成体系的风貌，形成了一个巨大的彩陶文化圈，在时间上延续了一千多年。

这件马家窑半山类型四大圈纹双耳彩陶壶，为泥质橙黄陶，口微侈，短颈，圆鼓腹，平底，双腹耳。红黑彩并用，主题纹饰为四大圆圈纹，内填充菱格纹，菱格内再填充网格和圆点纹。纹饰繁复，层次分明，现为兰州市博物馆收藏的国家一级文物。

马家窑文化是黄河上游重要的新石器时代文化，是仰韶文化晚期的一个地方分支，彩陶发达是其显著特点，包括马家窑、半山、马厂三个一脉相承的文化类型。其中半山类型为马家窑彩陶发展的繁盛时期，这一时期彩陶数量有了明显增加，器形多为大型贮藏器壶、瓮、罐等，常见纹样有连续旋涡纹、葫芦网纹、棋盘格纹、水波纹、折线纹等，纹饰精美繁丽，展现了这一历史时期人们的审美意识和艺术取向。如今，她的美已成为艺术文化、设计领域等取之不竭的灵感源泉，比如我们在日常生活中所见到的建筑、服饰、生活家居等作品中对于彩陶纹饰的利用，不仅让人们感受到浓厚的艺术气息，更能发现和挖掘出祖先文化的历史和精髓。

近年来，数字技术、互联网传播给博物馆带来全新的发展机遇，不断改变着博物馆的发展理念和工作模式。目前，兰州市博物馆在展览提升改造中，致力于借助移动互联的技术优势，通过AR、VR、3D等手段展示彩陶等文物背后的历史文化，让观众有更好的观感体验，同时利用网络媒介有效地传播中华优秀传统文化，展现马家窑彩陶文化的精神风貌，为打造华夏文明在甘肃的地域特色增添浓墨重彩的一笔。

代 言 人：杨文玉　兰州市博物馆讲解员

代言文物：**彩陶鼓**

　　鼓，作为一种打击乐器，最早出现于新石器时代。由于鼓有良好的共鸣作用，声音雄壮而且传送很远，在漫长的历史岁月中，鼓一直是中华民族的重要的打击乐器，无论祭祀还是乐舞、征战、狩猎都离不开鼓，它不仅是乐器，更有报时报警、传递命令信号、鼓舞士气的作用。至今，还留下了金鼓齐鸣、鼓乐喧天、闻鼓而进等成语。

　　兰州市博物馆馆藏的五件彩陶鼓都属单面鼓，其中保存最完整的这一面彩陶鼓1986年出土于甘肃省兰州市永登县乐山坪，长36.9厘米，大口径29.2厘米，小口径9.3厘米，整体呈漏斗形。粗端呈喇叭口状，口沿外侧分布一周鹰嘴形的倒钩。另一端形似罐状，与喇叭口相贯通。两端对应位置各有一个扁桥形器耳，穿绳后可以携带和悬挂，也可以背挎在人身上进行表演。使用时敲击喇叭口的皮革鼓面进行发声，罐形一端可以起到共振扩音的作用，又能保持鼓身平衡，使鼓面始终处于适合敲击的状态。形制十分独特。陶鼓的器身还布满花纹，粗细两端均饰多道平行的折线纹，鼓身中部有色彩不同、间距不等的平行带状纹和折线纹，这也正是马家窑文化半山类型彩陶的典型纹饰。

　　陶鼓质地坚硬，虽然鼓皮、附件等朽烂无存，但完好的鼓身和精美的纹饰仿佛可以带我们穿越到那个遥远的时代，遥想原始先民祭祀、乐舞的风采。它凝结着历史的烙印，跳动着文化的脉搏，维系着民族的精神，彰显着国家的尊严。文物，作为历史文化的见证者，作为国家形象的"金名片"，不仅是中华民族的精神标识，更是人民群众的宝贵财富。

　　近年来，在党中央、国务院的坚强领导和各部门各地方政府的大力支持下，国家通过一系列重大政策的出台、一系列重大举措的推出、一系列重大工作的推进，"让文物活起来"逐渐从理念转化为行动，让文物说话、把历史智慧告诉人们，激发人民群众的民族自豪感和文化自信心，坚定全体人民振兴中华、实现中国梦的信心和决心。

　　最后，愿国之瑰宝唤醒广大人民群众的文化热情，让文物和其背后的深刻内涵成为谱写经济发展、社会进步的"助推器"和正能量。

代言人：徐晓丹　兰州市博物馆讲解员

代言文物：藏传佛教男女双身四臂观音造像

藏传佛教男女双身四臂观音像，高36厘米，呈站姿，是背靠背的男女双身像，黄铜镀金，男女像均头戴宝冠，上身袒露，下着裙装，脚下是圆形仰莲座。颈、胸、臂及脚踝饰有各类珠宝，四臂中两臂托举金刚宝座，余臂或持法器或结手印。

男像观音右手施无畏印，左手提净瓶，面相消瘦，神色冷峻，目光如炬，居高临下怒视下方，显示出无比的威严与刚毅；女像观音右手施与愿印（右手指残），左手持法螺，面相圆润端庄，表情亲切平和，双目微眯，给人以沉静安详、含蓄典雅之美。

这尊男女双身四臂观音造像，在造型艺术上采用对比衬托的手法，男像面部线条硬直坚韧，富有力度；女像面部线条柔和丰润，富有质感，生动地表现出四臂观音不仅具有摧毁一切魔障的法力，还有以大慈大悲心救度众生脱离苦海的功德。

此像身体比例匀称，肌肉圆润，薄衣贴体，装饰华丽，具有典型的尼泊尔11—12世纪的造像特征，是一尊不可多得的藏传佛教造像珍品。1999年经国家文物局鉴定，定为国家一级文物。藏传佛教的传入是古代丝绸之路文化传播的影响之一，藏传佛教造像风格繁多，是中国文化艺术宝库中的瑰宝，更是雕塑艺术之林的一颗璀璨明珠。

相信大家听过最近的一个网络流行词——"佛系青年"，是指那些在快节奏的都市生活中，追求平和、淡然生活方式的青年人。那么，什么是佛？什么是佛教呢？

佛教是世界三大宗教之一，其传入和发展大约在两汉之际（约在公元纪元前后）。据文献记载，佛像可能与佛教同时传入。但在中国西部的新疆以及甘肃河西走廊地区，佛教和佛教艺术的传入则要更早一些。印度的佛教艺术，经过中国的艺术家和民间工匠的吸收、融合和再创造，形成了更具中国特点的佛教艺术，从而更容易在中国社会流传和发展。由于传入的时间、途径、地区和民族文化、社会历史背景的不同，中国佛教形成三大系，即汉地佛教（汉语系）、藏传佛教（藏语系）和云南地区上座部佛教（巴利语系）。

公元7世纪，内地、印度、尼泊尔等地的佛教传入西藏，并与当地的原始本教结合，形成藏传佛教，经历了1300多年的发展。据考古研究资料分析，藏传佛教传入甘肃地区的时间比较早，唐代便建有藏传佛教寺院，但数量较少；到了元明清时期，甘肃的藏传佛教呈现大规模发展趋势，使得甘肃地区出现了大量带有藏传佛教风格的寺院、石窟、造像、壁画等，尤其是在清朝，格鲁派寺院大量兴起。而形形色色的佛像，主要是作为佛教徒供奉和礼拜的对象，因此佛像艺术的发展和流行，基本上是伴随着中国佛教的兴衰而兴衰，两者之间的密切关系是显而易见的。

代言人：伏 宓 兰州市博物馆讲解员

代言文物：明代青玉双螭耳杯

明肃王家族墓地出土的青玉双螭耳杯，2011年出土于兰州市晏家坪，是继1957年北京万贵明墓出土白玉双螭耳杯后的第二件明代双螭耳杯标准器。玉料呈青色，微有褐斑。玉质莹润，杯体光素，两侧各雕一螭，螭目呈三角形，独角弯垂于脑后。螭首与双爪搭于口沿，螭身弯曲，尾分岔与另一螭尾相绕于杯壁，杯足低矮，体呈圆形。有如新的玻璃光泽，这是在潮湿的土中长期埋藏所致。这件双螭耳杯工艺精湛，朴拙生动。选用的玉材是产自甘肃祁连山地区的祁连玉，纹理天然，晶莹细润，汉代夜光杯就是用此料制作，是明肃王献贡首选。

螭为古代中国神话传说中的龙生九子之一，是一种没有角的龙，因此一般作为皇室专用图案。朱元璋第十四子朱楧于1392年（洪武二十五年）受封为肃王，就藩甘州（今张掖），1399年迁移至兰州，至1643年（崇祯十六年），共传9世11王，历经251年。肃王迁藩对兰州的发展起到了转折性的作用，他到兰州之后大兴土木，修建了王府、寺庙、学宫等多处建筑，现兰州市博物馆所在地便是原肃王家庙所在之地。肃王迁藩为兰州历史的绵延发展添上了浓墨重彩的一笔。

以上我们只是节选了一部分的代言人，活动略显单薄，代言略显青涩，我们需要更多的社会各界人士参与进来，为兰州文物代言，走近市博，扩大兰州历史文化影响力和提升知晓率，使越来越多的人真实感受和正确理解到文物所蕴藏的文化信息，进而提升对家乡、对祖国、对社会的热爱，加深人们对传统文化的深厚感情。

这是一座因河而生的古老城市

第三章 博物馆科学研究与成果

如今，博物馆里诸多的新科技将文物藏品数字化，不仅开创了文物藏品展示的新方式，还拉近了文物和人之间的距离，成为博物馆里新的亮点和特色。但笔者作为文物博物馆工作者，肩负着更为重要的历史责任，即通过专业研究，切实传递出文物的历史文化价值，实现文化遗产资源的深度挖掘和传承利用，使文物做到真正意义上的"活"起来，从而吸引更多的人走进博物馆，感受历史文化的魅力。近年来，兰州市博物馆专业人员结合本职工作，辛勤耕耘，积极探索，尤其是对馆藏文物、考古挖掘、地方历史文化方面的研究凝聚了心血，取得了丰硕的成果。本章节选了一部分与本书主题有关的论文成果与读者共享。

第一节　兰州市博物馆科学研究成果概述

自兰州市博物馆建馆以来，学术研究一直是馆内的重要工作。我们从本馆实际出发，制订全馆科研计划，实施科研强馆的理念，坚持科研创新、科研开放、科研共享的原则，力求发挥科研先导作用。同时我们全面完善了课题管理制度、科研奖励制度、图书出版管理办法，积极与省内外博物馆、科研院所开展业务方面的交流与合作。与此同时，完善"金城讲堂＋市博讲坛＋学术研讨"系列学术平台，拓宽科研人员的学术视野，增强研究兴趣，提升研究水平。馆内专业人员充分发挥传帮带作用，培育良好学术氛围。学术成果在数量上逐年增加，在质量上不断提高。

在本书出版之际，我们借此机会搜集整理本馆专业人员研究成果50余篇，虽经我们仔细筛选，然而仍瑕瑜并见，水平参差不齐，敬请大家见谅。

本次结集所选取论文的作者以本馆在职人员为主，同时适量收入退休人员及外调人员的论文。这些论文曾分别发表在全国中文核心报刊、省级报纸杂志和一般刊物中，有些刊登在"馆刊""学报""论文集"中，还有一些论文未曾公开发表。兰州市博物馆业务人员以本馆所藏文物为重点研究对象，同时也比较宏观地开放其专业领域和学术视野。就总体而言，我们的研究偏重在博物馆自身建设与历史学专业领域上，还有考古诸方面的探索与思考。这些论文包括文物考古研究、史学研究、艺术史研究、民族宗教研究、博物馆及文物保护与科技研究等，文章都言之有理，论之有据，不乏学术性、可读性。下面对这些重要研究成果做一概述。

一、文物考古研究的成果

兰州市博物馆研究人员在文物考古研究方面，立足于本馆的馆藏文物进行深入的探讨，并且结合文物所涉及的有关兰州和周边地区历史问题做了分析和研究，同时也对相关的省内外文物古迹进行拓展研究，成果丰硕。

（一）兰州市博物馆历年主持编纂和个人著述出版的专著、图册成果

1996年出版了介绍兰州市博物馆所藏重点文物的画册《兰州文物》[1]，这是本馆编纂的第一部文物图册。书中按历史纪年编排，选录了具有地方特色的珍贵文物一百二十余件，向人们直观地展示了兰州的古代文明历史。

1988年兰州市文化局承编《兰州市志·文物志》，交由兰州市博物馆具体承担编纂工作，历经十八年，于2005年完成，2006年正式出版。这部书体例完善、资料详实，对兰州及所辖区域的历史遗址和馆藏文物做了系统的辑录和整理，是研究兰州历史文化的重要典籍资料。这部文物志是在博物馆研究人员共同努力下完成的。这也是兰州市博物馆自建馆以来在学术研究方面做出的重要成果。著作充分显示了兰州市博物馆在本市文物与历史研究中的学术地位和专业职责。[2]

2009年出版了《陇右翰墨选粹》[3]，这是对兰州市博物馆所藏书画作品特色做专题介绍的画册。书中鉴选刊载了30多位明清时期陇上书画名家的150余幅作品，并且对书画家的生平和作品年代做了详实的考证，对作品的艺术价值做了评价，充分体现了独具特色的陇上书画风格。本书是从中国美术史视角了解西北地区古代美术的重要资料。

2011年由甘肃省文物局主编"甘肃博物馆巡礼"系列丛书，共十册，目的是向社会普及宣传甘肃省境内主要博物馆的馆藏文物知识。兰州市博物馆由杨忠勇、李晓林负责编撰了其中的《兰州市博物馆》专辑。专辑中介绍了兰州市博物馆所藏40多件精品文物，并且对馆藏文物数量及珍贵文物的价值做了比较全面的介绍，是一本宣传兰州市博物馆面貌的知识普及读本。[4]

兰州市博物馆现已退休的研究人员薛仰敬在2002年主编出版了《兰州古今碑刻》[5]，书中收录了兰州"一市三县五区"历代保留下来的碑刻及拓片文字，是比较重要的研究兰州地方历史的第一手资料。

兰州市博物馆叶削坚著《兰州民居》是首次系统研究兰州地区从远古至民国时期民居形态的专著。此书对大量的史料和考古发现进行了研究总结，作者通过长期的实地考察，对民居形制、建筑结构、建筑材料等方面做了系统的梳理，并对影响兰州民居的各种因素进行了深入探讨，对建筑、艺术、民俗文化及文物研究起到一定的参考作用。[6]

(二) 文物考古研究的论文成果

1. 考古发掘报告

2000年6月4日，兰州市榆中县连搭乡施工工地发现一座砖室墓。兰州市博物馆、榆中县博物馆联合发掘，对该墓进行清理工作，并写出发掘报告《兰州榆中金代墓葬清理简报》。简报按考古简报的规范，对这座砖室墓的地理位置、墓葬结构、墓室及随葬品进行了文字与摄影的全面记录，同时根据墓葬本身的特点，对"模印砖"中的"龟背纹""花卉图""动物图""卧莲童子图"做了详细的描述，进一步说明了此墓为金代墓葬。[7]

2011年10月下旬，在兰州市七里河区晏家坪原牛奶场建筑工地发现两座墓葬。兰州市博物馆接到任务赶赴现场进行了抢救性发掘。发掘简报未正式撰写，兰州市博物馆研究人员朱亦梅撰文介绍了亲自参与发掘的过程，以及出土文物的情况。根据西侧墓葬北20米处出土墓志所记"大明延长王长子夫人何氏墓志"判断该墓属于明肃藩第四世肃恭王朱贡錝（1487年受封，1536年殁）庶第六子延长王朱真溮长子朱弼栋原配夫人何氏之墓。文章对墓中出土的玉器、钱币及生活用品做了简要的介绍。此后朱亦梅又撰文，对墓中出土的"明青玉双螭耳杯"与"明墨线人物黄河石"做了介绍，由此引发对明肃藩延长王的家世的简要考证。[8]

2. 白衣寺塔及塔藏文物的研究

1987年白衣寺塔进行维修，在塔刹中发现了一批重要文物，包括佛像、忏法卷、头饰、瓷器、裹经包袱等三十余件，引起了考古界的高度重视。兰州市博物馆研究人员对发现的文物做了全面的清理，随后开展了相关的研究工作。

兰州市博物馆郭永利同志撰文《明代白衣寺多子塔始建年代考论》。兰州市博物馆地处兰州明代古迹白衣寺塔遗址院内，白衣寺塔无疑是兰州市博物馆的重点研究对象。白衣寺塔的始建年代应是我馆首要解决的课题，郭永利对这一问题展开了研究。她提出白衣寺为兰州市现存不多的明代寺院，并对塔的形制做了详细的介绍，认为这是一座结合了汉藏佛教艺术风格的建筑，进而对明初的宗教政策，以及藏传佛教对稳定蒙古和藏区的关系所起的作用等内容做了论述，同时又比较广泛地涉及兰州与周边藏传佛教寺院的关系。关于白衣寺塔始建年代，作者通过分析大量资料得出初步结论，该塔大约建造于明景泰年间（1450—1457年），但不能最终确定，需要更进一步的研究。[9]

曹小兵的论文《兰州市博物馆收藏的两件瓷器》对我馆两件文物的定名与断代重新做了研究。其中一件是白衣寺塔塔刹出土的明代德化窑白瓷人物塑像，另一件是1987年明肃安王墓出土的明成化青花碗。作者认为最初将白瓷人物塑像定名"明肃王像"需要重新商榷，根据资料查证和胎釉的时代特征分析，这件塑像应该是明万历至清康熙之间非常流行的"高官厚禄"图或"福、禄、寿三星"相关题材的塑像。[10]

关于明成化青花碗，曹小兵通过对造型、青料、胎釉、纹饰和制作工艺的考证，认为这件文物应该是成化、弘治年间的文物。

孔瑛在《明德化窑梓潼帝君造像考析》[11]一文中，对德化窑白瓷人物塑像也做了介绍和分析。经过多方考证，她认为，白瓷造像并不是先前定名的明肃王造像和福、禄、寿"三星"之"禄神"。与南京博物院所藏的一件德化窑白瓷梓潼帝君造像相比，两者无论在人物造型、面部特征、衣物配饰、工艺制作上都有惊人的相似之处，通过分析，"准确的定名应是梓潼帝君，亦称文昌帝君，他是道教中掌管文昌府事及人间官禄的神"。

对德化窑白瓷人物塑像展开研究的还有郑炜，他撰写了《"品读德化赏白瓷"——记白衣寺塔出土明代德化窑白瓷造像》一文。文章对白瓷人物塑像做了介绍，分析了制作工艺，认为该塑像的烧造年代应该是明代中晚期，并且是明代德化窑人物瓷雕造像中的上品。[12]

郭永利在《明肃藩王妃金累丝嵌宝石白玉观音簪》一文中对出土于塔内的两件观音造像簪的定名、功能、造像特点以及装饰题材的内涵做了探讨，由此论及明代肃藩王家族王位承袭问题。作者经过考证，认为两件发簪的定名应为"明崇祯五年金累丝嵌宝石白玉送子观音簪""明崇祯五年金累丝嵌宝石白玉鱼篮观音簪"。其功能应为供养所制的专用供施物而非实用簪,目的在于表达祈子的意愿。[13]

孔瑛《博之美物——隐匿于博物馆内的古塔》[14]一文对明肃王与白衣寺的关系、寺院的规模和营建年代做了介绍。同时也对1987年加固维修白衣寺塔从塔刹顶端琉璃球下所出文物,以及对明肃王的分封、传袭的历史做了介绍。

赵敏瑜在《兰州白衣寺塔砖雕艺术》一文中,从砖雕图案现状、砖雕图案文化内涵两个方面对白衣寺砖塔上的浮雕做了研究,认为浮雕内容体现了明朝"三教合一"的文化状况。从砖雕的位置分布、题材内容、艺术形式等方面,探析砖雕的艺术特色,对进一步了解明代宗教文化、建筑雕刻、文化融合等具有一定的参考价值。[15]

关于白衣寺塔及塔藏文物的文章还有很多,如郑炜《董其昌书画香包的介绍》,胡瀚予《从馆藏文物中寻找出的历史文化和艺术风格》,杨文玉《肃府遗珍——明石榴花珍珠串珠头饰》等,就不一一列举。

3. 馆藏文物及其他文物的研究

(1)馆藏文物研究。①馆藏明代铳炮的研究。1990年10月9日,在榆中县公安局院内出土了14件明代铜火器,7件旋风炮,7件佛郎机铳。这些文物藏于兰州市博物馆。叶削坚撰文从"明代铳炮的铭文与编号""铳、炮与炮的命名"和"明代火器的铸造情况"三个方面进行了研究。作者认为:"榆中出土的明代铳炮证明,最迟在明代嘉靖年间,管形火器在命名上不再铳、炮混用,而是根据器形分别称呼。这些铳炮是研究明代火器铸造情况的实物资料。"[16]②馆藏佛教造像研究。关于兰州市博物馆所收藏的铜佛造像,曹小兵2002年在《中国文物报》发表了《明清藏传佛教造像》[17],文章对当时兰州市博物馆从公安部门接收查没文物中的五件藏传佛教造像做了介绍和分析。五件造像为:胜乐金刚像、绿度母像、黄布禄干金刚像(两件)、十一面观音像。作者认为造像均为15世纪—17世纪的文物,为西藏本地风格,是西藏造像艺术由成熟期发展到高峰期的作品。并且对造像的规格、制作工艺、造像内容和教义仪轨均做了说明。

为宣传兰州历史文化,让更多的人感受历史、贴近文物,董亚莉、李晓林撰写了《用文物讲述兰州故事》一文[18]。文章以兰州历史为背景,以馆藏文物为切入点，对兰州历史和周边地区文化遗存及馆藏文物做了图文并茂、通俗易懂的讲述，试图挖掘文物背后的历史故事，让文物活起来。

（2）对其他文物与遗址的研究。兰州市博物馆工作人员在文物保护方面尽职尽责，投入精力进行研究，开阔眼界，对国内一些文物与遗址也给予了关注，并且发挥自己所学专业的特长做了一些研究工作，取得了一定的成果。

兰州市博物馆退休人员薛仰敬对彩陶盆纹样进行了研究。他介绍的文物是1994年在甘肃省会宁县头寨乡牛门洞村出土的，属于马家窑文化的半山类型舞蹈纹彩陶盆。他认为"这种只绘一种红色的彩陶器在马家窑文化的彩陶中十分罕见"，并且与1973年青海大通上孙家寨出土的马家窑类型舞蹈纹彩陶盆和兰州市博物馆收藏的半山陶鼓相比较，引经据典进行分析，认为牛门洞彩陶盆是继上孙家寨出土舞蹈纹彩陶盆20余年后，又发现的一件珍品，是一件非常出色的艺术品。它对研究黄河上游马家窑类型和半山类型的相继共存和融合关系有着重要意义，也为研究绘画和舞蹈史提供了一件重要的实物例证[19]。这篇论文在2005年获"国际优秀论文奖"。

娄方的《浅议武威雷台墓墓主人与铜奔马》[20]属于比较重要的一篇文章，他对1969年10月武威发掘的雷台墓做了研究，将武威雷台墓出土的铜奔马与酒泉丁家闸魏晋墓壁画进行对比，认为造型与其中5号墓中入天界的"神马"极为相似，由此得出结论：武威雷台墓并非东汉后期墓，而应是前凉时期的墓葬。文章随后推论出雷台墓的墓主人不是别人，恰是前凉张氏家族中的某人。文章对奔马蹄下所踏飞禽也做了考证，以为其禽与鹰隼相类，并非长着"剪刀"尾的燕子。

在古代瓷器研究方面，朱亦梅注重对元代青花瓷器的研究，并发表过多篇相关文章。在《一枚兰州出土的元至正型青花大碗残片》[21]一文中，作者对2006年兰州市城关区张掖路步行街改造工程中发现的一枚元代青花莲池鸳鸯纹大碗残片做了介绍，认为残片为标准的元至正型青花，这一发现填补了兰州无元青花的历史空白。文章在对残片规格进行描述的同时，又对元青花"至正型"的标准器形及制作工艺和审美的鉴定标准做了介绍。文章最后认为，瓷残片与明建文元年（1399年）肃王府由张掖迁至兰州有关，应该是肃王府中的遗物。此文于2013年获得"兰州市第七次社会科学优秀成果三等奖"。

二、史学研究的成果

兰州市博物馆研究人员在史学研究领域有着较强的积淀，具有代表性的论文应该是马德璞先生在重要刊物《西北史地》发表的《关于清朝平定大小和卓叛乱战争与"香妃"事迹》。作者以清代宫廷档案资料和清东陵裕妃园寝容妃墓的发掘清理材料为依据，对笔记、野史和民间传说中的"香妃"做了正名，还"香妃"以历史人物的本来面貌。首先对"香妃"传说的渊源以及与其相关的历史做了文献追溯，厘清了"民间传说"，将真实人物的历史还原。并且通过文献资料考证了"香妃"的家世，纠正了史学界关于她的定义。通过深入考据，分析了在"香妃"所处的和卓家族中存在叛乱与维护国家统一的两个"和卓"世家支系。进而论证"香妃"的家族是帮助清朝平定大小和卓叛乱的功臣支系。最后得出结论：传说中的"香妃"，正是历史上清朝乾隆皇帝的宠妃——容妃。并且说明了"香妃墓"并不在新疆喀什，而在河北遵化清东陵，容妃墓正是"香妃墓"。[22]

此后，马德璞又连续发表了关于兰州史前文化研究的论文。文章在当时新出土的田野考古及发掘资料的基础上，全面地分析了古兰州的地理位置以及在新石器时期的重要作用，做出了概括性的介绍和分析。这一地区的文化遗存按其特点被称为"马家窑文化"，作者跟进这一定论，进而对马家窑文化从仰韶文化延续而来，并且又分出几个不同的发展关系：马家窑—半山—马厂文化类型进行了探索，并且对这些类型各自的代表性的聚落遗址和特点进行了梳理。[23]

1994年马德璞先生又撰写了研究地方土司制度历史的文章《连城鲁土司及土司衙门和妙因寺》。文章对永登县连城蒙古族鲁氏土司家族560年[明洪武三年（1370年）至民国二十年（1931年）]的兴衰史，以及功过是非做了详细的考察和评述。作者引经据典，说明从地理位置而言，这是一个汉、藏、回民族相互联系的纽带地域，在交通方面又是通往青海、河西走廊的咽喉要冲之地。作者认为鲁氏土司家族的历史是一份珍贵的历史遗产，为研究土司制度，甘、青地方志和民族关系，提供了一份极其难得的历史资料。[24]

马德璞的研究分两大部分，首先对"土司制度"做了历史回顾，对其滥觞做了考据。文章第一部分对鲁氏土司19世家族的沿袭做了具体的考证，并且列出了非常重要的《鲁土司世系表》；第二部分对鲁土司建筑群的格局（包括衙门、妙因寺和官园）做了详尽的描述，特别是对妙因寺万岁殿夹道内壁画题材的界定（释迦牟尼降生及成佛故事）及评论，应该是较早注意到这一国宝级文物的考据资料。并且做了风格界定："构线、设色及人物神态、服饰，完全是中国古代绘画艺术风格。"作者又对妙因寺的整体壁画价值做了评论："特别要说明的是，殿内大面积保存完好的壁画，是明代正统年间的原作，确实是十分难得的古典画绘艺术的珍品。"（这篇论文比2008年所发表的首都师范大学、故宫博物院、鲁土司衙门博物馆联合调查报告早了十四年。）[25]作者认为，土司衙门是鲁氏家族长达560年统治的历史见证，也是中国传统建筑艺术的一份珍贵遗产，像这样保存完整的大型古建筑在甘肃省尚属少见。

薛仰敬先生1996年在《西北史地》杂志发表了考释论文《彭泽年谱》。对祖籍兰州的明朝的重要官员彭泽(1459—1530)的生平做了全面的考释。身为甘肃的史学研究者，素有关注本地区历代名人生平，并为其做年谱的责任和传统。作者文章所言："甘肃已有吴镇、张澍、刘果斋等清人年谱问世。本人试写了明人《彭泽年谱》，据他的墓志、《明史》及其他资料整理编成，希图对明季中期的社会政治面貌和经济状况有一个管窥，并对熟悉谱主生平经历、正确评价其人有一定帮助。"文章充分凸显了彭泽为官刚正廉洁、不畏权势的品质，同时也对彭泽的功过是非做了评述。作者引经据典，从细微处入手考据，整理出《彭泽年谱》所下的功夫在文中得以显示。这一填补本地名人生平空白的文章获"1996年《西北史地》优秀论文奖"。[26]

1997年薛仰敬先生又在《西北史地》发表文章《甘肃县市释名》，文章中对甘肃全省八十个市（县）地名从历史事件及遗迹、当地山水形态、反映人们的愿望、民族名称或该民族所在方位四个方面进行了考据解释。这是一篇比较重要的地方历史地理的考据文章[27]。

娄方1996年在《兰州学刊》也发表了关于历史地理方面的研究论文《〈也说隋代金城郡的地理位置〉与〈隋代金城郡治地位考〉商榷》[28]，这是一篇商榷和考证性的论文。文中对所引有关北魏时期"金城郡领县中应有直（子）城一县"的说法做了考据和校正。认为"北魏时期的河州金城郡领县中，并无子城一县,子城初设于西魏,属临洮郡,不久便迁至今兰州城关并为金城郡治。北周、隋、唐三朝郡治代代相因,其间县名虽有更动,但郡治却自西魏北周时起,始终在今兰州城关未变"。

陈虹 2011 年发表了论文《秦汉时期中央监察制度研究综述》。论文主要从秦汉时期监察制度的历史地位,秦汉中央监察机构的设置、职权与运行机制等方面,梳理了近 20 年来有关秦汉中央监察制度的研究成果。[29]

文章首先对监察制度形成的历史进行了梳理,作者从监察机构的设置、体系、职权、功能和监察制度的特点、效果、实质等方面进行了研究,认为应以秦汉作为我国监察制度的形成时期较为符合实际。在监察机构的设置、职权与运行机制方面,作者从谏诤制度及言谏官系统(谏大夫、太中大夫、中大夫、议郎和博士官)、御史大夫及其属官系统(御史大夫、御史大夫属官系统、丞相司直)和司隶校尉三个方面进行了研究。

在结论部分,作者认为:纵观 20 年来秦汉中央监察制度研究,不仅翔实严谨,而且细致、全面。研究范围基本涵盖了中央监察制度的主要方面,但同时也存在着一些问题,比如有相当多的重复之作,缺乏新意和突破,对制度较多静态描述,缺乏具体动态研究等。因此,尚需学术界做进一步深入、细致的研究。

王伟在 1997 年发表了关于西夏时期之兰州历史的研究文章《浅论宋夏兰州战役及其影响》。文章的关注点是宋夏于 1083 年、1084 年在兰州进行的两次大的战役,以及之后神宗元丰七年(1084 年)至绍圣三年(1096 年),宋夏之间相对保持了十多年的和平关系的问题。作者从夏、宋对峙的全局历史方面分析了兰州战役的局势,并且对兰州保卫战的过程及获胜的结局进行了描述。认为宋、夏自兰州之役后所保持的十多年和平时期,对西夏和北宋的经济贸易的发展都起了积极作用。对于维持宋、夏、辽三国鼎立的相持局面的稳固发展具有深远的影响。[30]

张艳玲在 2009 年发表了考证汉代射箭活动的文章《汉代的射箭活动探析》。文章阐述了射箭活动不仅是一项礼乐制度和体育活动,而且在军事斗争中有着重要的作用。文章在参考传世文献的基础上,依据出土的汉代画像和居延汉简,从汉代射箭的分类、汉代射箭在军事上的用途,及汉代射箭盛行的原因这三个方面对汉代的射箭活动进行考证和阐述。[31]

2010年、2013年张艳玲发表两篇论文,第一篇为《浅析两汉社会保障的思想渊源》。文章对两汉时期社会保障初成体系,并且对后世影响深远的问题做了分析。具体从先秦以来的民本主义思想、儒家的仁义学说以及天人感应思想三个方面对其思想渊源进行了探讨。得出结论为:"在两汉之际,天人感应思想占据社会的主导,当时人们由此认为灾害的发生起源于人事的变动,自然是对犯错的人们的警诫。这样的人与自然的关系为社会保障制度的建立、实行提供了相应的思想基础。"[32]第二篇为《略论两汉时期的社会救济措施》,文章的关注点是:两汉时期自然灾害频仍,给人民的生产生活造成很大损失。两汉统治者出台了一系列相关的救济制度和措施,如仓储制度、赈济、借贷和蠲免等,最大限度地减轻灾害造成的损失,以维护社会的稳定和人民生活的安定。[33]

三、艺术史研究(包括书法)的成果

"艺术史"作为以"艺术"为研究对象的一门历史学科,兰州市博物馆研究人员也较关注这方面的研究,许多馆藏文物如青铜器,彩陶的器型、纹样与图案等,佛教造像样式与风格以及大量的明清陇右画家、书法家的作品得到了馆内研究人员的关注,同时也带动了研究者对中国艺术史以及书画本体内涵的研究。

兰州市博物馆副馆长陈永革是甘肃省知名的书法家,在书法实践和理论上都有自己的建树,他在论文《书法创作应追求"中和"之美》中谈到了自己书法实践的体会。作者从自己书法研习的经历出发,对传统的帖学、碑学与现代派书法的关系做了分析。认为传统书法重功底,但是往往流于"陈";现代书法具有创新意识,但是基础浅。在如何学习书法方面作者提出了"中和"的观点,认为传统观念中需有创新理念,同时现代书法家应加强对基础的碑、帖的学习。更重要的是两种理念不应该形成对峙,而应该进行互相交流。[34]

陈永革在另一篇文章《中国书法本体特征浅论》中,进一步对书法的"本体特征"做了论述。作者从汉字的起源及特点引发出书法所独具的审美特征方面的要求。随之从汉字、中华民族意识、书法的表现手法、工具和材料性能方

面论说了书法本体特征,并列举书法家作品实例,从书法发展史的视角,对自己"中和"之美的观念做了进一步的解释,认为"中和"之美是书法美学的理想境界。[35]

李晓林从艺术设计角度对彩陶的器形和纹样在创意设计领域的应用进行了探究并撰写了论文(与赵得成合著)。论文的研究重点是:文化遗产的保护具有多重价值,其中如何将传统文化遗产转变为现代创意产业是创意设计者和文物保护者共同研究的课题。文中简要地分析了马家窑彩陶的艺术造型特征和地域心理特征,并通过实际设计案例论述了基于马家窑彩陶艺术的创意设计要点,从而提出了现代创意设计应着眼于地域文化符号的观点,传统或古代器物文化是地域性文化符号的提炼对象和依据。[36]

兰州握桥是中国伸臂木梁桥的代表,兰州握桥从建制规模和形制而言,均属中国建筑史与桥梁史的杰作,可惜1952年被拆除。叶削坚撰写了研究性论文《兰州握桥的称谓及其他》。文中对"握桥"做了解释,引经据典对这种桥的发明做了考证,并对桥的结构、形状和功能作用和价值做了较详尽的介绍。[37]

韦孟颖《莲花图形的演进及使用》论述了莲花图形随着人类装饰纹样的出现而出现,佛教的传入促进了莲花图形的广泛使用。人们的审美多样化又丰富了莲花图形。文章对莲花在中国进行种植的历史做了引证(最早在"仰韶文化"期已发现了莲子),随后联系佛教的传入,从考古发现的视角对莲花的宗教意义和世俗生活的运用关系做了历史过程的介绍性叙述。作者的结论为:莲花千百年来寄托着中华民族的一种追寻美好事物的心理,展示着一种清廉高洁的民族精神。[38]

孔瑛的论文《浅析徽宗御书钱及瘦金书体》论述了在北宋徽宗朝,精湛考究的钱币铸造工艺和独创一格的书体形式得到空前的发展。徽宗精妙的钱文设计,唯美的书法艺术,将中国钱币文化推向了巅峰。徽宗的瘦金"御书钱",于方寸间把书法艺术的态势和神韵发挥到极致,使钱币斐然生色,格调高雅。他独具匠心的书法风格,创新出楷书书体中新的风貌,有"铁划银钩"美誉的"瘦金体",以其卓有建树的书法艺术表现在宋代书坛独领风骚。[39]

孔瑛的另一篇论文提出了在博物馆陈展中如何重视手绘艺术展示的问题。作者从时代发展的视角论述了博物馆陈列中手绘艺术不会被边缘化,并且特别列举了兰州市博物馆陈列的手绘实例（例如陈列序厅中的《金城览胜图》《铁桥故事》等），说明这一陈列手段仍然起着计算机制作不可取代的重要作用。作者从机器的"冰冷"与绘制中的"情感"因素，说明现代陈展更应注重艺术风格的个性化、多元化、灵活化的问题。作者最后强调：手绘艺术的本身也是原创与再创的艺术品，它的表现定格于策展过程中设计者某一时某一刻的触动，是未来某天我们保存的最本真和原始的历史轨迹，它是展品艺术的体现和升华。[40]

朱亦梅 2009 年对朋友从澳洲带来收藏的四幅傅抱石作品进行鉴定，然后写了关于傅抱石作品的鉴赏性文章。文章认定这是傅抱石先生 20 世纪 50 年代的遗作，为海外回归的抱石珍品。作品定名分别为《雪景》《寒树》《樱花》《游鸭》。文中介绍了朋友在旧货市场遇到这几件作品并购买的过程。这篇文章附录了傅抱石四幅作品的高清照片，以及落款和钤印。[41]

对古钱币的研究，朱亦梅撰文介绍了 1780 年玛丽亚·特蕾西亚胸像德国旧银币，通过这一世界上最著名、最精美，并且也是发行时间最长、使用最广泛的银币，展开了对德意志历史以及与罗马帝国、拜占庭帝国历史的介绍。并且对银币上所铸的胸像玛丽亚·特蕾西亚女王的身世也做了历史回溯。[42]

关于书画鉴赏方面的随感散文有郑炜所写的《我读白石老人之花鸟草虫》，文章对齐白石绘画的表现范围、绘画手法、艺术价值、情感表现和雅俗共赏的特点做了描述。[43]

陈虹 2006 年撰文《蓝田水陆庵壁塑艺术》，介绍了以保存有古代精美罕见的彩色泥质壁塑而闻名的蓝田水陆庵。水陆庵系六朝古刹，原为悟真寺水陆道场的一个附加场所，水陆庵以琳琅满目的壁塑著称，现存的雕塑和壁塑主要为明代重修，这些精巧的壁塑充分显示了古代塑像大师丰富的想象力、高超的雕塑技巧及精湛的写实能力，为我们研究历史、古代文化提供了宝贵的第一手资料[44]。

赵敏瑜 2017 年发表了《从镇原县唐瑞兽葡萄镜说起》，文章对 1984 年 10 月在甘肃省镇原县城关镇祁川行政村出土的一枚唐代瑞兽葡萄纹铜镜（现藏于镇原县博物馆）做了介绍。认为镜中的"瑞兽葡萄纹样"说明此镜是中外经济长期交往的结果，在中国古代铜镜中也是最具特色的遗存，并且对同类型铜镜的出土地和纹样类型的沿袭、盛衰历史做了回顾和梳理。[45]

陈虹的论文《西魏时期供养人服饰之文化意义——以敦煌莫高窟249窟、258窟、288窟为例》，分析了莫高窟西魏洞窟供养人像的服饰。通过服饰的样式变化推论出十六国时期的民族融合与审美取向的发展轨迹。作者认为服饰不仅是人类日常生活的必需品，也是文化的重要载体之一，服饰的发展与演变往往透露出社会的变革以及人们审美取向的变迁。[46]

王伟对佛教艺术与藏传佛教的关系方面关注较多，其论文《唐卡艺术述论》通过对唐卡艺术的概念阐释、形成渊源、表现题材、艺术风格和表现手法的述论，较全面地探讨了唐卡艺术的相关问题，从中可管窥它的宗教作用和艺术特色。作者得出结论：唐卡艺术作为藏传佛教宗教文化的产物，是藏民族文化、艺术和宗教信仰的缩影和窗口，人们通过对唐卡艺术的了解和认识，能进一步去探知藏民族优秀、厚重的文化积淀和藏传佛教博大精深的宗教义理，继承和发扬它们的绘画艺术。[47]

四、民族宗教研究成果

兰州是多民族文化交融的城市，兰州市博物馆有关藏传佛教的文物收藏较多，也很有特点。因此有关民族宗教方面的问题也引起了研究人员的关注。研究者往往通过具体的文物与所涉及的民族宗教相联系，涌现了一些专门性的文章。

叶削坚从河西水陆画出发，写出了介绍水陆仪轨的文章。作者引经据典，对水陆法会出现及发展的历史、宗教活动的时间地点、仪式规定做了详细的介绍。作者认为水陆画在水陆法会仪式及活动中是不可或缺的重要内容。[48]

关于藏传佛教，王伟写了系列文章《藏地嘛呢石刻述议》，文章通过对"嘛呢"寓意的解释，阐述了嘛呢石刻的形成历史、表现主题，论述了嘛呢石刻对研究藏传佛教佛理、民间雕刻技术等方面的重要意义，旨在诠释这一宗教艺术的文化内涵。[49]在《藏传佛教模制泥像擦擦述议》中，作者对"擦擦"的藏语进行了释名，随之从擦擦的起源、发展、制作、分类、供奉五个方面，对这一植根于民间土壤、流传广泛的藏传佛教雕塑艺术品的宗教和艺术意味进行探讨。[50]

火克淑《藏传佛教度母崇拜源流探析》一文，通过对佛教度母崇拜的研究，从这一题材的起源、度母的法相、本尊崇拜、度母的供奉和度母崇拜盛行的原因五个方面展开阐述，并且对藏传佛教中度母崇拜的源流做简要探析。[51]

兰州市博物馆在石窟以及佛教造像方面也有所研究。李芬玉来兰州市博物馆之前曾在炳灵寺工作多年，撰写了关于炳灵寺石窟涅槃像的介绍文章。以炳灵寺第16窟和第132窟为例，说明石窟群涅槃像最早出现在北魏晚期。随后对涅槃像的缘起、造像的内容，转入中国后图像样式随时代和民族化所发生的改变、图像的艺术价值均做了介绍。文章中对所列举的两个窟各为石雕、泥塑的材料特点也做了深入的分析。[52] 另有论文《炳灵寺石窟第13龛造像辨识》，对炳灵寺石窟第13龛造像进行了辨识。由于第13龛造像保存完整、雕刻精细、造型独特，成了石窟研究者关注的内容。但因为缺乏具体的文献资料，没有得到准确的辨识。作者通过与敦煌及四川地区石窟中的番禾瑞像进行比较具体的比对分析，最后推论出炳灵寺石窟第13龛造像为"番禾瑞像"，这一样式在炳灵寺石窟仅此一尊。这也说明盛行在河西地区的刘萨诃信仰也影响到了陇右。炳灵寺石窟出现刘萨诃造像说明刘萨诃信仰传到了这一地区，这也为研究刘萨诃信仰的传播提供了重要依据。[53]

五、博物馆及文物保护与科技研究

随着科技的发展，文物的科技保护事业得到快速的发展，在博物馆发展历程中，博物馆经营管理与文物科技保护一直以来都是博物馆工作的一项重要课题。博物馆工作者坚持在专业化、科学化的领域中不断地进行着探索，并且多有文章发表。

前任馆长杨忠勇撰文《市场经济体制下博物馆工作的思考》，作者在文章中提出，当前市场经济的全面推行和全球经济、文化一体化的趋势，对博物馆事业的发展是机遇，更是挑战。我们首先要把博物馆性质、功能放到市场经济的大环境中进行重新定位和思考；二要树立开放意识，增加馆际交流，积极发展文化产业，走以文养文之路；三要树立竞争意识和良好的行业现象，竞争是市场经济的另一个重要特征；四要树立可持续发展理念。最后总结道："在市场经济体制下，这关键的社会转型期是博物馆事业发展的重要时期。博物馆事业只有以全新的理念，不断开拓进取才能求得生机和发展。"[54]

兰州市博物馆现任馆长董亚莉及其合作者最新撰文《基于传统文化元素DIY的虚拟交互技术实现》用全新的理念对现代博物馆的展示做了归纳性的整理与论述。[55]

首先作者引述道："博物馆的主要作用在于馆藏文物的保护、研究和展呈。在现今全球化时代，依靠新兴数字技术进行文化传播是大势所趋，'虚拟现实'技术具有无可比拟的优势。博物馆'虚拟化'已成为主要的趋势，将传统文化中的基础元素与虚拟现实技术结合是这一趋势的表现。"

随之作者从"文物中的传统文化元素与 DIY""如何通过虚拟交互技术进行传统文化元素的 DIY"两大方面对虚拟交互技术实现做了论述，随后又对这一技术的具体实施分"基于定位技术的文化元素感知""基于手持移动设备的文化元素交互提取""基于射线的文化元素交互与体验"与"基于着色器的文化元素着色"四部分进行了介绍。

作者在文中提出一种新的虚拟交互方式并对其技术细节做了探讨。文章以博物馆文物中的传统文化元素为对象，将其与虚拟现实技术结合，利用虚拟现实交互技术将提取出的文化元素进行展呈和再创作，这种技术与艺术的结合让用户沉浸感和交互性体验更强烈，更能体会传统文化元素的内涵。在未来的虚拟现实技术与传统文化结合发展的过程中，新型的虚拟交互技术将会产生很大的作用。

李铁雁发表的文章《试论中小型博物馆管理机制改革》从宏观角度对全国博物馆的数量、管理机制做了回顾。作者认为从规模上看，中小博物馆是全国博物馆的主流，同时认为这些博物馆要想缩小与大博物馆的差距，必须在管理体制方面进行改革。他从管理机制、社会角色与社会责任、经营管理思想、新时期的文化传播四个大的方面做了论述，同时又在"社会角色与社会责任"这个方面对博物馆的收藏、研究与传播，关注社会现实，利用其本身资源，帮助公众了解现实和解决问题等小的方面提出了具体的办法。[56]

作者总结道："博物馆作为收藏、研究和展示文化与自然遗产的社会公益事业，必须审视发展中的时代趋势和生存环境，不断整合自身，融入时代潮流，同时中、小型博物馆要进一步发展，就必须有强烈的创新意识，完整的适合博物馆自身运行的管理机制。管理出效益，有效益才会有博物馆的健康发展，才会有博物馆的真正繁荣，才能成为受社会公众欢迎的博物馆。"

陈虹的《论博物馆的图书资料管理工作》对图书资料在博物馆的业务研究中所占的重要性与作用做了论述。作者从图书资料管理工作的价值、图书资料工作的特点、图书资料管理工作的服务功能三个方面做了论述。其中第二个方面又细分为：有关业务的藏书量要占首位，藏书范围要根据本馆性质、任务及工作需要确定，博物馆图书资料室要有专业性。作者对这三点做了细致的分析。[57]

作者总结道："博物馆图书资料室工作，是围绕着博物馆的性质任务而展开的，这一基本职能决定了博物馆图书资料工作只有通过实施完善的规范化的科学管理，通过优质的服务满足博物馆发展多样化的文献信息需求，博物馆的图书资料才能在博物馆的建设和发展中起到它应有的作用。"

陈虹在《谈博物馆古书画文物的保管与利用》一文中谈到，在博物馆藏品中，古书画文物的收藏、保管与利用极其重要。古书画文物储藏环境对古书画寿命的影响很大，主要因素是温湿度改变、光照和有害气体的侵蚀。文博工作者应通过控制环境保护古代书画，进一步重视古书画文物的科学保养，合理利用馆藏书画开展陈列工作。[58]

文章分为书画收藏保管的特殊性、重视古书画的科学保养、合理利用馆藏书画开展陈列、加强文物保护意识、做好书画保藏工作等部分。作者总结道："书画的保管工作是博物馆的一项重要工作，它直接关系到藏品的质量问题。搞好书画的保管工作，不能只凭过去的老经验，要不断探索和学习，要有科学管理的头脑，不断找出一些匹配地方馆现有条件的方法，解决保养和使用的矛盾，尽可能减少对古书画藏品的损害，从而有效地保护好我国的优秀文化遗存，使之'延年益寿'。"

博物馆既是一个传统的文化遗产收藏之地，同时又不断面临新时代的发展所带来的新要求与新挑战。张彩香的文章《博物馆展示设计中的时空概念与信息交流》就是针对这一问题所做的思考。作者从文物陈列展览的空间理念进行了思考，进而提出博物馆的信息交流界面，展示陈列设计中的空间、时间概念，文物展示环境中对功能空间的处理等问题。[59]

作者认为，展示艺术已经发展成为现代科技成果的综合运用，所涉及的构成因素也愈来愈复杂，并且融入了数码手段、声光电一体的方法等，与之相呼应的便是功能空间的更新和增加。这为设计师对空间进行分析规划提出了更高的要求。就展示环境本身而言，采用合理的空间设计是构成展示中跳跃节奏、顺畅韵律等艺术效果的关键；正确把握和处理功能空间的相辅相成关系是构筑出理想的展示环境的重要环节。

参考文献：

[1]《兰州文物》，甘肃人民出版社，1996年。

[2] 兰州市地方志编纂委员会，兰州市文物志编纂委员会：《兰州市志·文物志》，兰州大学出版社，2006年。

[3] 兰州市博物馆：《陇右翰墨选粹——兰州市博物馆馆藏书画集》，甘肃人民美术出版社，2009年。

[4]《甘肃博物馆巡礼·兰州市博物馆》，甘肃人民美术出版社，2011年。

[5] 薛仰敬：《兰州古今碑刻》，兰州大学出版社，2002年。

[6] 叶削坚：《兰州民居》，敦煌文艺出版社，2011年。

[7]《兰州榆中金代墓葬清理简报》，《考古发掘与研究》，2006年。

[8] 朱亦梅：《兰州晏家坪明肃藩系延长王墓葬出土器物介绍》，《中国文物报》，2012年。

[9] 郭永利：《明代白衣寺多子塔始建年代考论》，《丝绸之路文论》，2006年下半年版，总第14期。

[10] 曹小兵：《兰州市博物馆收藏的两件瓷器》，《陇右文博》，2004年第2期。

[11] 孔瑛：《明德化窑梓潼帝君造像考析》，《丝绸之路》，2011年第14期。

[12] 郑炜：《"品读德化赏白瓷"——记白衣寺塔出土明代德化窑白瓷造像》，《甘肃日报》，2004年。

[13] 郭永利：《明肃藩王妃金累丝嵌宝石白玉观音簪》，《敦煌研究》，2008年第2期。

[14] 孔瑛：《隐匿于博物馆内的古塔》，《甘肃日报》2018年12月20日。

[15] 赵敏瑜：《兰州白衣寺塔砖雕艺术》，《丝绸之路》，2019年第1期。

[16] 叶削坚:《榆中出土的明代铳砲研究》,《丝绸之路文论》,2005年7期。

[17] 曹晓兵:《明清藏传佛教造像》,《中国文物报》,2002年2月6日。

[18] 董亚莉,李晓林:《用文物讲述兰州故事》,《读者欣赏》,2018年,总第40期。

[19] 薛仰敬:《原始舞蹈图像的又一实例——甘肃会宁牛门洞舞蹈纹彩陶盆》,《文物天地》,1999年第6期。

[20] 娄方:《浅议武威雷台墓墓主人与铜奔马》,《陇右文博》,2018年第2期。

[21] 朱亦梅:《一枚兰州出土的元至正型青花大碗残片》,《中国文物报》,2008年12月。

[22] 马德璞:《清朝平定大小和卓叛乱的战争与"香妃"事迹》,《西北史地》,1986年第3期。

[23] 马德璞:《兰州史前文化概述——简介兰州地区的马家窑文化遗存》,分三期发表:第1篇发表于《兰州古今》1989年第2期;续1发表于《兰州古今》1990年第1期;续2发表于《兰州古今》1991年第2期。

[24] 马德璞:《连城鲁土司及土司衙门和妙因寺》,《兰州古今》,1994年第1期。

[25] 谢继胜:《汉藏佛家美术研究2008》,北京:首都师范大学出版社,2010年。

[26] 薛仰敬:《彭泽年谱》,《西北史地》,1996年第3期。

[27] 薛仰敬:《甘肃县市释名》,《西北史地》,1997年第4期。

[28] 娄方:《〈也说隋代金城郡的地理位置〉与〈隋代金城郡治地位考〉商榷》,《兰州学刊》,1996年第1期。

[29] 陈虹:《秦汉时期中央监察制度研究综述》,《丝绸之路》,2011年第2期。

[30] 王伟:《浅论宋夏兰州战役及其影响》,《兰州学刊》,1997第1期。

[31] 张艳玲:《汉代的射箭活动探析》,《忻州师范学院学报》,2009年第3期。

[32] 张艳玲,孙占宇:《浅析两汉社会保障的思想渊源》,《丝绸之路》,2010年第4期。

[33] 张艳玲,孙占宇:《略论两汉时期的社会救济措施》,《绵阳师范学院学报》,2010年10期。

[34] 陈永革:《书法创作应追求"中和"之美》,《金城墨韵·书法论文集》,敦煌文艺出版社,2013年。

[35] 陈永革:《中国书法本体特征浅论》,《国学论衡美学与艺术篇》第一辑。

[36] 李晓林,赵得成:《马家窑彩陶艺术的地域特征及其在创意设计中的应用探索》,《中国包装》2012年第10期。

[37] 叶削坚:《兰州握桥的称谓及其他》,《丝绸之路·文论》,2006年,总第14期。

[38] 韦孟颖:《莲花图形的演进及使用》,《丝绸之路·文论》,2004年,总第10期。

[39] 孔瑛:《浅析徽宗御书钱及瘦金书体》,《甘肃高师学报》,2009年第4期。

[40] 孔瑛:《博物馆陈展中的手绘艺术》,《兰州日报》,2017年4月。

[41] 朱亦梅:《真抱石——记澳洲新发现的傅抱石五十年代珍品》,《东方收藏》,2010年6期。

[42] 朱亦梅:《1780年玛·特蕾西亚德国银币》,《东方收藏》,2009年第3期。

[43] 郑炜:《我读白石老人之花鸟草虫》,《甘肃日报》。

[44] 陈虹:《蓝田水陆庵壁塑艺术》,《丝绸之路》,2006年第11期。

[45] 赵敏瑜:《从镇原县唐瑞兽葡萄镜说起》,《甘肃经济日报》,2017年。

[46] 陈虹:《西魏时期供养人服饰之文化意义——以敦煌莫高窟第249、258窟为例》,《中国服装》,2010年,第17期。

[47] 王伟:《唐卡艺术述论》,《丝绸之路》,2003年下半年版,总第8期。

[48] 叶削坚:《水陆画及水陆法会仪式》,《丝绸之路文论》,2004年上半年版,总第9期。

[49] 王伟:《藏地嘛呢石刻述议》,《丝绸之路》,2005年上半年版,总第11期。

[50] 王伟:《藏传佛教模制泥像擦擦述议》,《丝绸之路》,2013年第10期。

[51] 火克淑:《藏传佛教度母崇拜源流探析》,《丝绸之路》,2011年第8期。

[52] 李芬玉:《炳灵寺石窟涅槃像简介》,《丝绸之路文论》,2006年下半年版,总第14期。

[53] 李芬玉：《炳灵寺石窟第13龛造像辨识》，《丝绸之路文论》，2012年3月下半刊第6期。

[54] 杨忠勇：《市场经济体制下博物馆工作的思考》，《丝绸之路》，2003年下半年版，总第8期。

[55] 董亚莉，皮邦瀚，赵海英，谢燕：《基于传统文化元素DIY的虚拟交互技术实现》，《艺术科技》，2018年02期。

[56] 李铁雁：《试论中、小型博物馆管理机制改革》，《全国群文、图书、博物馆论文集》（第五卷），2003年12月。

[57] 陈虹：《论博物馆的图书资料管理工作》，《丝绸之路文论》，2005年下半年版，总第12期。

[58] 陈虹：《谈博物馆古书画文物的保管与利用》，《丝绸之路文论》，2006年下半年版，总第14期。

[59] 张彩香:《博物馆展示设计中的时空概念与信息交流》，《丝绸之路文论》，2006年下半年版，总第14期。

第二节　兰州市博物馆学术论文摘选

明代白衣寺多子塔始建年代考论

郭永利

内容提要： 白衣寺为甘肃兰州地区现存不多的明代寺院，现存有观音殿和多子塔。本文主要讨论了多子塔的形制、建筑风格及其始建年代等问题。

关　键　词： 明代；白衣寺多子塔；始建年代
中图分类号： K878.6
文献标识码： A
文章编号： 1005-3115（2006）02-0062-03

　　白衣寺位于兰州市庆阳路中段兰州市博物馆内，建于明代，寺院坐北向南，规模甚大，原址古建筑大部分已毁，现存有观音大殿一座、清代重修白衣寺多子塔石碑二通以及砖筑多子塔一座。多子塔于1981年被定为省级文物保护单位。

　　多子塔位于观音殿以北，通高25.70米，由塔基、塔身、塔刹三部分组成。塔基平面为方形，四角内折，上部为束腰须弥座。在须弥座的四面及内折部分，分层有补修的砖雕吉祥题材佛教"八宝"吉祥图案及道教"暗八宝"图案。另外，还嵌刻有民间流传甚广的各种吉祥图案，如把莲、石榴、葡萄、丛竹等，具有极强的象征意义。丰富的吉祥图案均为雕刻而成，雕刻手法以浮雕、圆雕及减地平雕为主。

　　（一）塔身由覆钵和12层密檐组成。覆钵上部略呈圆拱形，中部束腰，曲线极为流畅。虽为砖砌而成，但经400多年的风雨仍完好无损，显示了极高的建筑水平。在覆钵的圆顶上，建有12层密檐塔身，层层递减，至顶部收拢，上部为塔刹。密檐塔身为八面，在八个转角处作角翅，且均悬有一支铜铃。在每层八面的中心均开龛，为尖拱形龛楣，内置泥塑佛像一尊，共96尊，佛像手姿、身态各异。

塔顶为圆球，蓝色，下为仰莲座。

由此塔的形制可以看出，这是一座结合了汉藏佛教艺术风格的建筑。从塔基到覆钵均为藏式风格，而上部的密檐形式塔身则是汉地传统的特征。在塔身上发现的96尊佛像及顶上出土的一尊，总体来看，其风格是一致的。佛造像宽肩细腰的做法在汉式造像中并不多见，显示出藏传佛教风格。这也是由明初的宗教政策以及兰州所在的地理位置决定的。明初优遇藏传佛教，以稳定蒙古和藏区，进而稳定明政府的西北边疆，因此大兴藏传佛教寺院，给高僧以极高的名号。西北佛寺遍地，在兰州地区现存不少明代所建藏传佛教寺院，如永登妙因寺、红城大佛寺等。当时兰州地区藏传佛教盛行，由于统治者的倡导，藏传佛教在明代皇族中也受到普遍信仰，如湖北钟祥梁庄王墓出土的金冠顶上的联珠纹及嵌珠宝莲花座均受到藏传佛教艺术风格的影响。居于兰州地区的肃王家族接受藏传佛教也是情理之中的事。在这样的历史背景和地缘背景下，兰州地区出现汉藏佛教风格的建筑就很容易理解了。多子塔也是全国保留极少、兼具研究价值和观赏价值的汉藏风格式的砖筑佛塔。在山西五台山显通寺有两座铜塔，铸于明万历三十八年八月，形制与多子塔颇有相似之处。

1987年，因塔体倾斜，在进行维修时，在塔刹的仰莲座及座下发现了一批文物，有佛像、忏法卷、头饰、瓷器、裹经包袱等30多件，极具历史和文化研究价值。从这批文物得知，明肃藩王为此寺的最大施主和供养者。其中两件观音造像，以明代发达的金嵌珠玉工艺制成，其用材有金、玉、银、珍珠、红宝石等。还出土有两件发簪，是为白衣寺多子塔供养所制的专用供施物，而非实用。作为簪，它本身仍具有实际的簪发功能，然而在这里它的功能只具有形式上的意义，表达出施入者祈子的意愿。而祈子的最终目的与明代肃王家族的生存息息相关。

此塔始建年代于史无载。从塔上的题记、现存历代重修的碑文以及塔顶出土的文物来看，明末以及清道光、咸丰年间均进行过重修。在塔覆钵的南面开龛，龛楣上有题铭"耸瞻震旦"，落款"太华道人崇祯辛未孟夏之吉"。查陈垣《二十四史朔闰表》，崇祯辛未为崇祯四年（1631年）。因此，开龛可能就在此年。出土的二件金玉簪上均在正面錾刻铭文："肃王妃熊氏施，伴读姚进兼装。"背面錾刻铭文："崇祯五年捌月初十日。"崇祯五年，为1632年，此次应为维修工程。出土的《大方广佛华严经三昧忏法卷》书中有题记为"大明万历壬子秋七月望日肃王望岐道人命工梓行，印造一藏计五千四十八部，每部八卷"。万历壬子为明万历四十年（1612年），这个题记只说明了经卷的印造年代，并非塔之始建年代。在清道光二十三年（1843年），对多子塔、台阶、大殿前后墙、垣台、娘娘殿、金妆神像等进行了补修。关于这一维修工程在《重修白衣寺多子塔碑记》中有较详细的记载。清咸丰十年（1860年），对白衣寺再次进行了维修，有碑记为证。

最早对白衣寺的始建年代有所推测的为清咸丰十年（1860年）所立《重修白衣寺塔记碑》："白衣寺为前明肃藩王所建。相传乃王妃功德，至今四百余年。"前溯400余年，应在1460年以前，也就是在明英宗天顺四年以前。这是唯一提到寺院始建时代的碑文。在道光年间的碑文中看不到相关的年代信息。1987年，塔顶文物出土后，此塔的始建年代再次引起人们的关注，对其年代根据碑文、塔上题记以及出土文物中的题记进行了探讨，主要有"崇祯四年说"以及"嘉靖年说"两种。这两种观点均以纪年作为断代的标准，忽视了多子塔本身的形制以及建筑风格出现的历史背景。崇祯四年之说，依据为龛楣题证，但从现存现状来看，龛为后开，龛两侧下部的莲座、联珠部分与塔身上有明显的差异，开龛很可能为崇祯四年。万历四十年的佛经题记也只是表明佛经的印造年代，并不能成为判断建塔年代的依据。

明初封藩诸王，朱元璋第十四子朱楧于洪武二十五年（1392年）封为肃王，驻于甘州，建文元年即公元1399年就藩兰州。历代的肃王好佛崇道，进入兰州后大兴土木，兴建府邸，倡导文化。如第一代肃王朱楧就在兰州修建金天观、雷坛等。据《皋兰县志》记载，历代肃王修建的寺院有普照寺、崇庆寺、华林寺，并资助修建武威白塔寺等。[1] 兰州城市的规模也随之改变。明末，李自成起义军攻陷兰州，肃王家族"宗人皆死"，大量的图书典籍毁于战火，没有相关的材料可以证明塔的建造年代。然而梳理史籍并结合现存文物遗迹仍然可以找到一些蛛丝马迹，从而对其始建年代有一个大致的推断。

兰州白塔山上的白塔与多子塔有相似之处。白塔高17米，实心砖塔，七级八面，底层为八角形束腰须弥座，座上有覆钵，再上为密檐七层，四面开龛，龛内有小佛像，塔顶加宝瓶镶火珠，每层挂铁铃，上有塔刹。白塔与多子塔下部均为须弥座，上有覆钵，四面开龛，尤其是覆钵束腰部分甚为相似，这些特征反映了二塔之间的时代关联信息。因此多子塔的时代应与其相近。据嘉靖二十七年《重修白塔寺记》载："吾兰之河北山，原有白塔古刹遗址。正统戊辰年（1448年）间太监刘公来镇于此，暇览其山，乃形盛之地，于是起梵宫，建僧居，永为金城之胜境。"《重修皋兰县志》载："白塔山在镇远桥北，俯瞰城中如列指掌，明景泰间太监刘永诚建白塔于上因名。"

刘永诚，明代正统年间为监军，《明史列传·卷一百九十二》载："曹吉祥，滦州人。素依王振。正统初，征麓川，为监军。征兀良哈，与成国公朱勇、太监刘永诚分道。又与宁阳侯陈懋等征邓茂七于福建，吉祥每出，辄选达官、跳荡卒隶帐下，师还畜于家，故家多藏甲……其与吉祥分道征兀良哈者刘永诚，永乐时，尝为偏将，累从北征。宣德、正统中，再击兀良哈。后监镇甘、凉，战沙漠，有功。景泰末，掌团营。英宗复辟，勒兵从，官其嗣子聚。成化中，永诚始卒。"从这段记载来看，景泰末年刘永诚已不为监军，卒于成化年间。刘永诚在镇守甘肃时，极为信奉佛教，曾在陕西邠州大佛寺铸铁钟，大佛寺铁钟铭文为"奉佛信官镇守甘肃太监刘永诚□□心铸造洪钟□，重一千斤，于陕西邠州大佛寺悬挂。上祈皇图永固，帝道遐昌，佛日增辉，法轮常转，大明景泰元年三月十四日，镇守太监刘永诚铸造"。[2]可见其所到之处，必然有崇佛之举。据此，白塔由刘永诚建造，年代在正统末年至景泰初年是可信的。

白衣寺塔的形制与白塔的形制相近，说明其建造年代也相差不远。从这个角度来看，白衣寺的建造年代也应在景泰年间。1987年多子塔维修时，在塔顶还发现一本佛经《祈福赦罪解厄消灾保命经》，其末尾有"明第六代孙淳化王发心命工梨造"题记，淳化王嘉靖年间在位，因此，认为多子塔建于此年间的说法也存在。[3]然而，佛经出现在佛塔内，其题记只能说明佛经的印造年代，与塔的始建年代并无关系。因为，这本佛经是后来放在佛龛中的，并非为其始建时。综合以上所有相关的明确纪年，可以看出这些断续的有关纪年的记载只证明了历代肃王家族与白衣寺的关系极为密切，而且将多子塔的年代上推至嘉靖，但仍不能说明其始建年代。而从形制分析，景泰年间建造多子塔是极有可能的。

从建塔的目的来看，塔上所出的文物，其多子的主题表明此塔是为王妃祈子所建。此塔以南的观音大殿，以歇山式作为屋顶，在屋脊部分雕刻有凤与龙的图案，说明寺院完全是明代肃王家族所属的寺院，专为祈子而建。而子嗣关系到整个家族的存亡，家族的生存是历代肃王极为重视的大事，《明史》中多次记载这个家族的王位之争，均与子嗣的嫡庶与无子有关。明代王位继承制度规定极为严格，明洪武二十八年（1395年）定制："亲王嫡长子，年十岁，授金册宝，立为王世子。次嫡及庶子皆封为郡王。凡王世子必以嫡长，王年三十，正妃未有嫡子，其子止为郡王。待王与正妃年五十无嫡子，始立庶长子为王世子，袭封。"[4]有嫡立嫡，无嫡子则50岁后方可立庶长子，其中的权力之争，肯定为家族的大患。第二代肃王朱瞻焰，在位40年，历宣德、正统、景泰、天顺四朝，在天顺八年去世时仍无嫡子，其庶长子于成化四年继位。因此，在这个时期建塔祈子也是情理之中的事。清代重修时所说"乃王妃功德"，自然是祈子之事。而崇祯四年建寺之说，从上述的角度来看，显然极不合理，藩王家族不会在有明一代200多年以后才想到建塔祈子。因此不仅是多子塔，观音殿的建立也应在此时，其目的只有一个——祈子。这也正可说明这么多的纪年题记出现在塔上，均为祈子而施而作。

联系到初到兰州时期的大兴土木，似要建成万世的基业，因此，白衣寺多子塔的建造也不会太晚。综合塔的形制、建筑风格流行的时代背景，以及建塔的目的、功能，并参照白塔的形制与建塔时代，此塔应建于景泰年间。据史书记载，此寺规模颇大，但限于史料的缺失，无法得知具体情况。

以上所考，将多子塔的始建年代推至明景泰年间，但白衣寺多子塔始建年代问题并没有就此解决。塔的年代不能单纯只以出土文物中的纪年来进行简单的断定，而是要结合时代背景和建筑物的形制、风格以及家族的建塔目的进行全方位的分析，这样才有可能对年代的断定做出正确的判断。本文就是尝试在全面现有材料的基础上，对该塔的建造年代提出自己的观点，以求教于方家。

原载于《丝绸之路文论》2006年下半年版总第14期

参考文献：

[1][3] 林健：《明代肃王研究》，甘肃人民出版社。

[2] 李凇：《长安艺术与宗教文明》，中华书局，2002年。

[4]《明史·志第三十》卷五十四，《礼八》，中华书局，1974年。

用文物讲述兰州故事

董亚莉　李晓林

兰州地处祖国版图的几何中心，是扼控西北、贯通东西的重要门户。九曲黄河穿城而过，南北群山环抱。由于其特殊的地理位置，这里自古以来就是兵家必争之地。古老的黄河不仅孕育了五千年中华文明，更哺育了数百万兰州儿女。在千千万万的城市中，兰州如一颗璀璨夺目的明珠镶嵌在黄河之滨。

兰州在历史发展中积累和留存了丰富的历史文化遗存，主要有曹家嘴、花寨子、青岗岔、王保保城等数十处遗址，遍布黄河及其支流大通河两岸、庄浪河流域、湟水北岸的黄土台地和苑川河河谷地带。距今5300年左右的马家窑文化是仰韶文化西延高潮期的产物，是中国彩陶文化发展的高峰，兰州正处于这一文化的中心区域，因而创造了灿烂的、举世闻名的兰州彩陶文化，形成了羌、汉文化的融合。西汉所筑的金城，史书称之为"金城汤池"，隋唐时为著名的丝绸之路重镇，宋代为宋王朝重要的"茶马互市"之地。明代兰州人段续在前人基础上创制的水车极大地丰富了兰州黄河农耕文化的内容，兰州握桥是中国伸臂木梁桥的代表，永登鲁土司衙门是西北保留最完整的地方土司政权建筑群。清末修建的兰州黄河铁桥（中山桥）是目前黄河上唯一留存的近代桥梁，既丰富了兰州黄河文化的内容，又展现了中西文化结合的魅力。

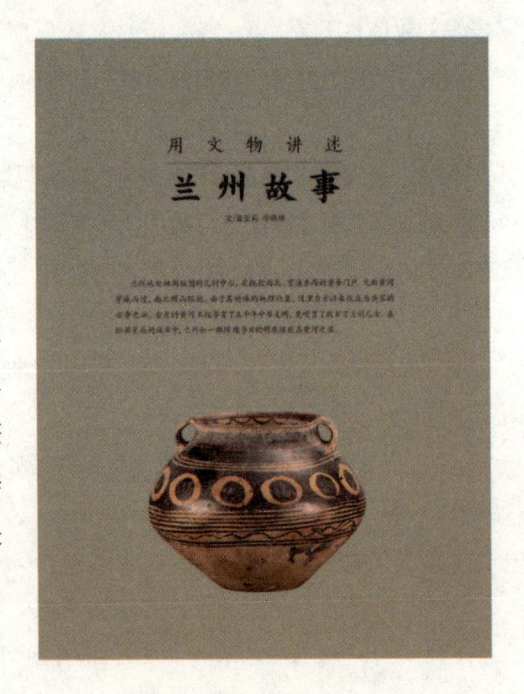

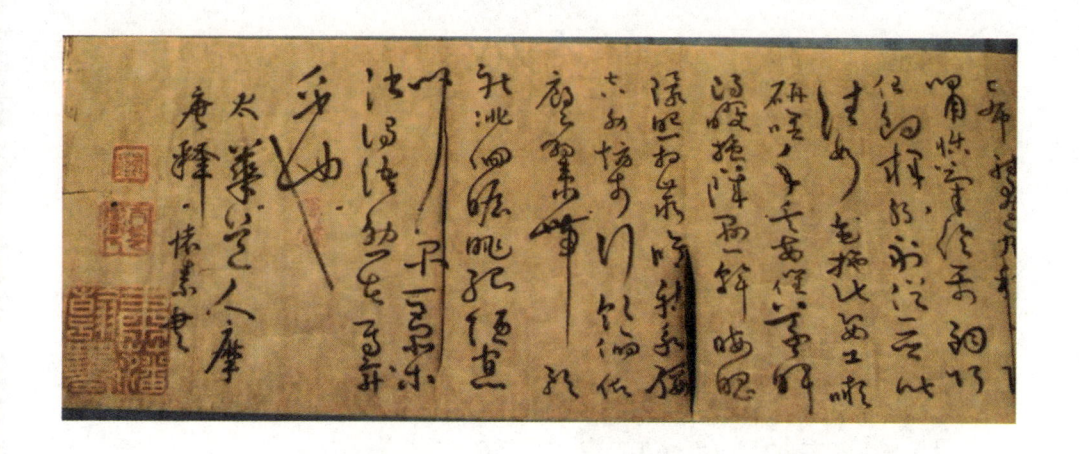

兰州是一座历史悠久的文化古城，15000年前已有先民在此繁衍、生息。距今5000年前后，兰州的远古居民创造了灿烂的彩陶文化——马家窑文化。秦始皇三十三年（前214年）设榆中县，这是兰州及其以西广大西北地区最早的行政建制。汉武帝年间设金城县，汉昭帝年间设金城郡，"金城"古称即见于史册。十六国时期，西秦将国都先后设在今兰州的苑川、西固两地。隋文帝开皇元年（581年）设兰州，置兰州总管府，遂有"兰州"之名。自汉至宋的1000余年间，兰州以"屏障中原、联络西域、襟带万里"之势成为丝绸之路重镇。明建文元年（1399年），肃王府迁兰，兰州成为朱明王朝藩王所在地。清康熙五年（1666年），陕甘分治，兰州成为甘肃省会。民国三十年（1941年），正式设立兰州市，为西北五省区第二个设市城市。抗日战争时期，兰州是抗战大后方、西北交通枢纽、国际援华物资中转站，地位得到空前提高。解放战争时期，兰州以其关隘性地位，成为解放大西北的门户。

兰州在中国历史上占有重要的地位。外事交往的频繁、商业贸易的发展、战事不断等，逐渐使兰州成为西北地区的政治、经济、军事、文化中心。在漫长的岁月中，兰州这块土地上留下了历代劳动人民用

血汗凝结的无数珍贵历史文物、重要文献和古籍。对这些珍贵文物资料的整理、研究和展示，不仅可以为兰州人民提供丰富的精神文化食粮，同时也必将为宣传兰州、弘扬祖国传统文化、促进两个文明建设发挥巨大的作用。

兰州市博物馆收藏的兰州地区出土或征集的历代艺术品是我国古代无数艺术家和能工巧匠的伟大创作。这些作品体现了他们丰富的想象力和卓越的才能。他们不仅使古代艺术以其特有的面貌和姿态在兰州发扬光大，更使艺术突破了其固有的形式与内容的限制，折射了兰州当时社会现实生活的方方面面。古代艺术家通过他们的作品，使我们加深了对兰州古代历史文化的认识，让今天的兰州人受到巨大的感染并对他们产生敬意。这些艺术作品是我国伟大艺术宝库中极其重要的组成部分，对研究兰州历代社会、政治、经济、文化交流、宗教艺术等方面，都有着非常重要的价值，值得我们永远珍视和爱护。

马家窑文化是黄河上游重要的新石器时期文化，由马家窑、半山、马厂三个类型依次发展起来，是中原地区仰韶文化的继承和发展，但又具有明显的地方特色。马家窑文化的经济生活以农业为主，狩猎为辅。制陶业非常发达，彩陶不仅数量众多，而且造型精美，构图华丽，达到了当时艺术的巅峰。由于时间早晚的不同，各

类型的彩陶都有其鲜明的特点。

马家窑文化半山类型圆圈纹双耳彩陶罐 高17.5厘米,口径13.5厘米,底径9厘米,出土于兰州市西固区马耳山,在文物走私犯进行倒卖时被查获。该器物为泥质橙黄陶,侈口束颈,斜肩鼓腹,平底。口沿至肩置半环耳。其表纹饰以黑、红彩绘成,口沿内侧为红彩宽带纹,其下以黑彩连弧纹装饰;器外壁在肩及腹下饰以同心圆纹,腹中部绘圆圈纹。简洁明快的图案、规整的造型使器物成为半山类型彩陶中不可多得的精品。

陶鼓被发现于兰州地区新石器时代晚期马家窑文化最为集中的原始乐器出土地,出土数量多、品种丰富、形制多样。陶鼓虽然在时间上有先后之分,但形制大同小异。陶鼓的一端呈喇叭形大敞口,口外侧边沿有倒纽钉一圈,便于蒙上动物皮革,制成鼓面,另一端呈盘口、罐口和曲颈,中部为直筒状鼓身。两端各有一环耳,可以系绳索挎于肩头,以便击打。陶鼓是我国古老的乐器之一。

马家窑文化半山类型旋涡锯齿纹双耳彩陶鼓 高30厘米,1986年永登县河桥乡乐山坪古墓葬被大肆盗掘时出土。该鼓为泥质橙黄陶,由三部分构成,即喇叭口、中筒和曲颈口。在喇叭口边沿处及曲颈口下端与中筒连接处各置一半环耳,喇叭口外沿处置六个等距离的乳钉。器表纹饰以黑、红彩间绘,分别为网格纹、平行锯齿纹及旋涡锯齿纹,色彩鲜艳,层次分明。它的发现为进一步研究我国打击乐器的起源与发展演变提供了不可多得的实物资料。

287

石磬是一种板制体鸣击奏乐器，在中国古代的音乐生活中占有重要的地位。中国古代经历了漫长的石器时代，石磬在没有文字记载的历史中，就已进入原始人类的生活，研究石磬对了解中国远古的音乐生活非常重要。磬的历史非常悠久，在远古母系氏族社会，人们以渔猎为生，劳动之后敲击着石头，装扮成各种野兽的形象跳舞娱乐。这种被敲击的石头就逐渐演变为后来的打击乐器——磬。

马家窑文化马厂类型石磬 重 15.4 千克，出土于兰州市榆中县连搭乡代家窑村。磬质地为青石质，有磨制痕迹，体大致呈梯形。上部近边缘处有一穿孔，通体素面。虽在边缘有多处剥落，击之仍发出清脆悦耳的声音。它的出土为我们进一步研究原始音乐的发展提供了宝贵的实物资料。

夏商周时期，兰州地区曾是羌、戎族居地。春秋战国时期，秦人先祖西扩，在陇东与西戎相互争战。这一时期兰州地区的青铜文化虽然不像中原那样跨入了国家的门槛，但也具有浓厚的地方特色。兰州地区这一时期分布的文化主要有齐家、辛店、寺洼等地域特色明显的文化类型。

齐家文化分布于甘肃、青海和宁夏的部分地区，距今约 3900—4100 年，它是继马家窑文化之后发展起来的一支，在兰州地区分布比较广泛，特别是在榆中境内遗存较多。齐家文化的陶质比较细腻，多为泥质红陶，砂质红陶也占一定的比例。彩陶数量较少，彩绘图案别具一格，它摒弃了马家窑文化富丽繁缛的风格，而趋于简朴疏朗。彩绘以红彩或赭红彩为主，次为黑彩。

齐家文化折线纹双耳圜底彩陶罐 高25厘米，口径10.5厘米。榆中县出土。泥质橙黄陶，敞口，斜直颈，圆腹下垂，圜底，双肩耳。口沿至近底处施彩，主题纹饰为红彩绘的竖线纹。纹饰线条均匀流畅，器形规整，是该文化彩陶的典型代表。

辛店文化首先发现于临夏莲花台村，距今约3400—2800年。随葬品以陶器为主，彩陶的数量较多，因胎质比较粗糙，故彩与陶胎结合不紧密，易脱落。纹饰别具一格，笔触粗犷，以双勾纹、S纹、太阳纹、三角纹为主，还有少量的动物纹——犬纹、羊纹、鹿纹、蜥蜴纹等，反映出畜牧生活的特色。

辛店文化双勾纹双耳彩陶罐 高38.5厘米，口径18.5厘米，底径13厘米。该器物为夹砂橙黄陶，侈口，束颈，斜肩，鼓腹，凹底，双腹耳，施黑彩。颈饰宽带纹及连续回纹，肩饰双勾纹和相对的动物纹样。器体较大，图案美观。

秦汉时期，兰州为中原王朝重要的西部边塞城市，曾为汉武帝打败匈奴、开拓疆土做出过重大贡献。隋唐时期，兰州为丝绸之路重镇之一，对增进中西经济、文化交流起了巨大作用。北宋末期，兰州既是北宋与西夏对峙的交界城市，对保卫中原王朝的边陲安全起了至关重要的作用，同时又是南茶北运、西马东行的"茶马互市"场所。

东汉墨迹纸 直径17厘米，1987年在兰州伏龙坪龙尾山东汉墓出土。纸属麻纸类，出土时作为一铜镜的衬垫之物，现保留下来的两块纸正是置于铜镜下的部分。纸张表面有少许霉斑和残损，其上残留墨迹分别有40和60余字，字迹为毛笔书写，书体为隶书，工整隽美。由于腐蚀严重，纸的原始形状已无从考证，书写的内容也无法完整地释读，但从残留的字迹分析，应与当时人们的生活有关，这也说明纸在这时已经进入人们的生活，而且很可能已经开始普及。东汉字纸的发现，不仅填补了本市相关文物的空白，更重要的是为造纸术的发明与纸张的使用提供了不可多得的实物资料。

汉代军司马印 铜质，高2.3厘米，兰州市华林坪出土。印面为正方形，背有钮，钮上有穿孔，穿较细孔。印面阴刻篆文"军司马印"四字，字体方整、严谨。

宋代老子骑牛铜造像 铜质，高 58 厘米，重 10.521 千克，兰州市收购。铜造像范铸而成，由底座、牛和老子三部分组成。老子骑于牛背之上，面部瘦削，头顶无发，头发向后梳及肩部，鼻子高挺，嘴略带笑意，两眼平视前方，右手牵缰绳，左手扶腿。着宽袖长袍，腰系带，穿布鞋，腹略鼓，衣摆搭于足面。牛站在椭圆形四足坐上，口衔环，双耳直立，形体健硕。为道教题材的造像。

元代白底褐花纹瓷盆 瓷质，高 12.7 厘米，口径 23 厘米，底径 6.6 厘米，兰州地区收购。

器口为圆唇，微束颈，腹向外鼓，腹下内收，平底。内壁通施褐釉，并有三块大小不等的窑疵；外壁自口沿至底施白釉，以褐色绘折枝葵花纹及弦纹。该器制作工艺略显粗糙，但器形较规整。磁州窑是中国古代北方最大的民窑体系，也是著名的民间瓷窑。磁州窑创烧于北宋中期，并达到鼎盛。南宋、元、明、清仍有延续，烧造历史悠久，具有很强的生命力，流传下来的遗物也较多。

公元 1368 年，朱元璋初定天下，为了稳定国内政局，巩固其政权，效法中国"天子巡边"的古制，将宗亲分封到全国各个军事战略要地，坐镇一方。其第十四子朱楧于洪武二十五年（1392 年）被封为肃王，就藩甘州（今张掖）。建文元年（1399 年），由于政治原因肃王迁驻兰州，沿袭 9 世 11 王，对甘肃进行了 251 年的封建统治。

自朱楧移驻兰州后，即在今城隍庙以东、会馆巷以西、张掖路以北至南滨河路的广大地段大兴土木、修建王府。同时还在兰州以今中央广场为中心修筑周长为6里200步的内城和周长为18里120步的郭城，奠定了兰州城的规模。另外，还在兰州城内外修建了许多庙宇寺观、花园名胜；兴建学宫、修桥架渠，为兰州的经济、文化、城市发展做出了相当大的贡献。

白衣寺院的多子塔 白衣寺院为末代肃王所建，始建于明崇祯四年（1631年），因寺内大殿绘有白衣大士像而得名。后多次战乱致使僧去寺毁，只有白衣寺塔幸存至今。白衣寺塔建成后，经受了将近四百年风雨侵蚀和多次地震，特别是1939年东关火药库大爆炸的震动，至今仍孤标独秀，玉立无倾，可谓兰州建筑史上的奇迹。

甘肃省人民政府于1981年9月10日将白衣寺塔定为省级文物保护单位。1986年，兰州市政府拨专款，对白衣寺塔进行了大规模的加固维修。维修过程中，在塔刹内发现了一批珍贵的文物，这些文物为我们进一步了解该塔的建造和维修过程提供了宝贵的资料。

金累丝嵌青玉抱子观音簪 明代，重57.5克，1987年7月出土于白衣寺多子塔塔刹。此簪由簪首和簪挺两部分组成。簪挺为银质，体扁长，尾渐变尖，上有铭文："肃王妃熊氏施，伴读姚进兼装。"背面錾刻铭文："崇祯伍年捌月初十日"。簪首为金丝累成的三层莲花座，并以珍珠、红宝石加以点缀，中央嵌青玉抱子观音。观音头戴巾，身着大衣，怀抱小儿坐于鳌背之上，制作工艺精湛，技艺高超。该器物充分反映了明代金镶玉的制作水平，具有极高的历史和艺术价值。

原载于《读者欣赏》2018年总第40期

兰州市博物馆收藏的两件瓷器

曹小兵

对文物的准确定名及断代，是一项严肃认真的基础性工作，是我们深刻认识和研究不同时代文物的文化内涵及评定其价值的前提。为此，对仍有争议的已定名的文物藏品予以讨论，是十分必要的。下面就兰州市博物馆两件馆藏瓷器存在的定名及断代问题，谈点个人看法，不妥之处，请专家指正。

一、明代德化窑瓷塑人物像

1990年，兰州市博物馆在维修白衣寺多子塔时，在塔顶天宫出土珍贵文物二十余件，明代德化窑白瓷人物塑像就是其中的一件。该像高13.17厘米，为一坐一立两人造型，坐者头戴朝冠，身着官服，腰系玉带，足蹬靴，右手持如意，左臂自然下垂，袍袖贴膝，衣纹随人体凹凸起伏，自然逼真。面相圆润，双耳硕大，细目上挑，八字短髭，面部表情略带傲慢之意，大有平步青云，仕途得意的"官"人之态。

旁立者身材矮小，长髯飘垂，面相消瘦，表情恭顺，头戴巾帽，身着布衣，双手统袖拢抱书卷，应是一侍者形象。

瓷像以写实的风格刻画人物衣纹及五官，用主大仆小的对比手法衬托出主从关系，突出了"高官厚禄"或"禄星"的主题。人体造型比例匀称，夸张适度。瓷胎坚硬厚重，釉面滋润光亮，白中闪黄，凝厚如堆脂，有"鹅绒白"之特征。

对于该像，曾将其定名为明肃王像，但经查阅大量的资料，并根据胎釉的时代特征分析，此塑像应是明万历至清康熙年间非常流行的"高官厚禄"图或"福、禄、寿三星"图之类题材的塑像。以台北故宫博物院所藏万历青花五彩"三星"盘和康熙青花"高官厚禄"图为例，在"三星"图中，福星拱手侧立，禄星持如意状宝物居中，寿星握龙杖前立，其中禄星所持之物与该像所持之物相同；在"高官厚禄"图里，其人物服饰与瓷像服饰相似，甚至面相、体态也很相似。由此可见，这尊塑像只是不同材质"图"像的翻版，它所表现的仍应是上述"图"像一类题材的东西，而绝非肃王造像。具体理由是：

1. 该像没有任何文字或铭文说明其为肃王像，仅以塑像身着明代官服、手持"笏板"为由（应是如意），便将其命名为肃王像，这显然有些欠妥。拿福建博物馆藏明代德化窑"文昌君坐像"与之对照，二者无论是造型、服饰、手中所持之物几乎完全相同，（见《中国文物报》2002年9月27日第五版），这也表明上述理由难以为据。

2. 假设真是肃王像，那必是在德化窑定烧，如若此，这里有两个因素必须考虑：其一，德化窑有无定烧个人瓷像先例？从《德化窑屈斗宫窑址发掘简报》及目前所见传世文物看，该窑雕塑类器物，均为佛道神像，如：观音、达摩、罗汉、文昌星、关公等，专为某一俗人所塑之像尚未见到。其二，德化地处东南，距金城千里之遥，远隔千里定烧瓷像，这种可能性到底有多大？相反，"瓷都"景德镇距此较近，要"定烧"瓷器，也应该舍远求近去景德镇做。

3. 舍利塔的天宫、地宫是供奉埋藏佛骨舍利的地方，供奉、供养和施舍的物品，有一定组合规律。以久负盛名的陕西"法门寺"为例，其地宫出土各类文物两千余件，除四枚佛骨舍利外，有佛经佛像、宝石玉器、金银器、瓷器、琉璃器、丝织品等等。在这些种类繁多的遗物中无一件"俗人"塑像或画像。在全国其他已发掘的舍利塔天宫、地宫中，也未发现有为"俗人"塑像的例证，这一普遍现象说明，该人物像不是肃王像。

二、明代成化青花碗

明成化青花碗，高 7.2 厘米、口径 16.13 厘米，1987 年，明肃安王墓出土。碗口敞外，弧壁圆腹，圈足内敛，底心微下凹，形制工整秀美，造型具有成化朝的典型特征。胎质洁白细润，釉色白中微泛青色。青花呈色淡雅含蓄，内底饰纤细雅致的团花，内外口沿及圈足均饰弦纹，器外壁主题纹饰为缠枝莲托八宝，八宝排列以轮、螺、幢、伞盖、花、鱼、瓶、结为序。

成化青花向来以精巧典雅著称。它器形圆润的线条，纹饰纤细的笔触，胎釉温润的气息，青料淡雅的发色，都给人以和谐的美感。如果说宣德青花能使人感到阳刚之气，那么成化青花则让人感到阴柔之美。

明代中期，成化、弘治、正德三朝，瓷器总体风格相近，部分成化、弘治瓷若无款识或其他明显特征，几无区别（按惯例断代只作成化至弘治或弘治至正德）。正德瓷处在明中期至明后期的转折阶段，与成化瓷相差较大，但其单独鉴赏时还是不免混淆。兰州市博物馆曾一度将这件成化特征比较明显的青花碗定为正德器即是一例。为说明成化、弘治、正德三者之不同，试就这一时期青花碗的造型、纹饰、胎釉、青料等四个方面进行对比分析，以使断代趋于客观合理：

1. 造型

成化，器形圆润秀美，碗的腹底转折处浑圆自然是其显著的特征。

弘治，碗底变大，器形敦厚。

正德，碗壁弧线变直，碗口有折沿，器形比成化笨拙，无浑圆自然的特征。该碗轮廓线条圆润规整，具有成化器的明显特征。

2. 纹饰

成化，在绘画风格上与明早期的天顺和明中期的弘治相同，在绘画技法上采用一笔点画与勾勒渲染相结合的形式。具体绘画时，缠枝莲枝蔓用实笔点画，花头花叶用双勾渲染，在枝蔓的处理上，成化弯曲起伏较大，纤细的线条显得柔韧而富有弹性。

弘治，纹饰特点与成化相同，线条更为纤细，花叶小而繁琐。

正德，绘画风格与嘉靖、万历相类，绘画技法与成化、弘治相同，在绘画缠枝莲托八宝纹时，枝蔓弯曲起伏较小，线条粗而草率，花叶是最为典型的"鸡爪"状。

该碗缠枝莲托八宝纹，与故宫所藏成化青花缠枝莲托八宝纹鼓钉炉，在绘画技法与枝蔓的处理上相似，亦为成化瓷绘画的典型特征(见《中国陶瓷全集》明代上册)。

3. 胎釉

成化，胎体单薄，质地细腻，迎光透视呈牙白色或肉红色。釉质纯净腴润，其最显著的特征是，器物内外壁及圈足底部釉色一致。

弘治，胎体趋于厚重，釉质仅次成化。

正德，胎质较粗，胎体薄厚不匀，釉稀薄灰青。

该碗胎薄釉润，有成化瓷内外壁及圈足釉色一致的特征。

4. 青料

成化，使用平等青料，发色淡雅沉静，进口青料只在成化初年使用。

弘治，用平等青料，色调与成化相同。

正德，早期使用平等青料，中期使用石子青料，后期使用回青料。青花呈色多样，民窑青花多为灰青色调。

该碗用平等青料，发色亦为成化、弘治的典型风格。

此"三代"瓷虽风格相近，但碗盘之类圆器各时期特征还是较为突出，成化与正德之器更是如此。综合上文排列分析，我们不难看出，此碗在上述四个方面都有成化瓷的典型风格，因此，将其具体年代定为成化更为确切。当然，在对外展出中将其断为有商榷性的年代，亦可标为明代中期，这样或许更为妥当。

原载于《陇右文博》2004年，总第19期。

明清藏传佛教造像

曹小兵

前不久，从公安部门接收查没的各类文物、文物资料中，有五尊藏传佛教造像较为珍贵，均为西藏本地风格造像，是 15 世纪至 17 世纪西藏造像艺术由成熟期发展到高峰期的作品。

一、胜乐金刚像

该造像为黄铜镀金，通高 36 厘米，仰莲长方形底座长 28 厘米，宽 11 厘米，是 16 世纪至 17 世纪（明末清初）尼泊尔、西藏两地造像风格的融合之作。

"胜乐金刚"藏语"德木巧多"又称"上乐金刚"，是藏传佛教密宗菩萨，拉萨下密院修无上瑜伽之本尊。

此像工艺精细，造型考究，铜质镀金光亮如新，让人尤为称道的是，主尊后身像同样具有前身像生动传神的视觉效果，给人以前后身都是造像正面的感觉。

在藏传佛教中，各种造型的佛菩萨及其装饰、法器，无一例外全是佛教教理的象征，如胜乐金刚双身像，男身佛父蓝色代表"气"，女身佛母红色代表"血"，相拥相抱表示"气血相依"规律。

二、绿度母像

绿度母又称圣救度母,为黑、红、黄、白度母的本体。此四度母为其所变现,其作天女形,身面绿色,有循声教苦之悲愿功法,据传绿度母即是汉地佛教南海观世音菩萨。造像通高18厘米,仰覆莲座高4厘米,长10厘米,质地红铜镀金,脸部特征及写实衣褶,吸收了尼泊尔和汉地造像做法,整体造型结构则属于西藏15世纪的风格。

三、黄布禄王金刚像

黄布禄王金刚即黄财神,为五色财神之一,据藏传佛教典籍记载:昔日释迦佛讲大般若经时诸魔神皆来障碍,令山崩塌,黄财神现身庇护,闻法诸弟子才安然无恙。其后释尊嘱黄财神皈依佛法,以助益一切贫苦众生,是为大护法。由此可知黄财神既是财神,又是一位护法金刚。该造像有两尊。

一尊,通高17.5厘米,仰覆莲座高4.5厘米,质地黄铜镀金,从五叶冠式样及造像特征看,其年代不早于乾隆朝。该像表情生动夸张,是西藏造像的风格,身形圆润柔和、缺乏力度感则是汉地造像的特点。

另一尊,通高13厘米,长方形宝垫座高3厘米,黄铜镀金,年代略晚

于前一尊像。此像戴五叶冠，脸形比前一尊稍圆，于前一尊像比，其风格特征更接近内地。

这两尊财神像，工艺精细，富贵之相生动传神，整体风格属西藏本地风格，局部特征则有汉地造像特点，是藏汉造像风格结合的佳作。

四、十一面观音像

其像为大悲观音化身像之一种。身形直立，前方三面为静相，后方三面为笑相，左方三面为猛相，右方三面为半静半猛相，顶层是无量光佛，有八臂和十八臂之分，主臂一律合掌，余臂或持法器或施手印。像高11厘米（底座遗失），质地为黄铜镀金，是17世纪西藏风格造像，其像戴三叶冠，项挂珠链，身披帛带，下着裙裳，上身双肩宽厚，下身细腰肥髋，整体呈现出粗壮有力、古朴庄重的特点。

造像宝冠、裙衣为藏地风格，形体结构、观音面则完全是尼泊尔12世纪式样，是尼泊尔、西藏两种风格融合的造像。

藏传佛教造像，受多种造像风格的影响，它既与汉族地区佛教造像有一定的渊源，又受印度、尼泊尔佛教造像艺术的影响，在中国佛教美术中独具风格，以上这几尊藏佛造像，恰能不同程度地反映出这一特点，为我们研究藏传佛教艺术增添了翔实资料。

发表于《中国文物报》2002年2月6日。

明肃藩王妃金累丝嵌宝石白玉观音簪

郭永利

内容提要：本文对出土于兰州市白衣寺多子塔的两件观音造像簪的定名、功能、造像特点以及装饰题材的内涵进行探讨，并兼及明代肃藩王家族王位承袭问题。

关 键 词：白衣寺多子塔；观音造像簪；王位承袭

中图分类号：K875.2

文献标识码：A

文章编号：1000-4106（2008）02-0043-04

1987年，在对兰州市城关区庆阳路的白衣寺多子塔进行维修时，于塔刹内发现一批珍贵的文物，有佛像、忏法卷、头饰、瓷器、裹经包袱等。其中，两件观音造像簪工艺复杂精美，簪挺上錾刻有明确纪年"崇祯伍年"（1632年）铭文以及肃藩王妃的姓和身份，明确了多子塔是肃王家族为祈子而建，极为重要。

一、两件发簪的定名及其功能

两件发簪出土后，一件被定名为"玉雕抱子观音簪"，一件被定名为"玉雕观音簪"。从其定名看，只反映出了物品的一般通称，表明了其实际功用，但制造工艺及观音造像的名号则是不明确的。1996年6月，国家文物鉴定专家组将其定为国家一级文物，并定名为"金累丝嵌宝石白玉送子观音簪"及"金累丝嵌宝石白玉观音簪"。这次的定名基本上反映了这两件文物的质地、制造工艺、观音造像的名号及其通称，达到了定名的规范。然而该定名仍有不足之处。"金累丝嵌宝石白玉送子观音簪"的定名无疑是准确的，送子观音的最大特征就是：观音本身形象一如中年妇女，手中抱小儿。此造像具有这两个特征，因此毫无疑问为送子观音。但另一件簪的观音名号仍未定出，有将其名号定出来的必要。此件观音造像的特征是很明显的，观音为民间妇女形象，右手提一篮。通观造像本身气质轻灵，尤其是手提之篮应为鱼篮观音的标志，与三十三身观音中的鱼篮观音形象符合，应为鱼篮观音。因此这两件簪的名称应为"明崇祯五年金累丝嵌宝石白玉送子观音簪""明崇祯五年金累丝嵌宝石白玉鱼篮观音簪"。

明崇祯五年金累丝嵌宝石白玉送子观音簪 簪首造像为送子观音坐像，白玉质，观音梳高发髻，面相长圆，小眼，长直鼻，小嘴，丰颊，身披长衣，宽袖及膝，体形较丰，双手托一小儿，小儿呈坐姿，身形极小，眉目清晰可见，双足赤裸，颇显稚嫩之气，与主体观音沉静慈穆的气质形成鲜明的对比。观音坐像下为细金丝编就的仰莲座，以三月仰莲瓣戒形，莲瓣细瘦，时代特点明显。造像周围为把莲题材，均以细如发丝的金丝编结成莲瓣，然后焊接成形。把莲为一莲叶、一莲花、一莲蓬组合而成，共为五把，繁密地覆于观音造像的周围。莲叶细长，向侧展卷，有缠枝意味，莲花瓣细长平展，花的轮廓有波状变化，莲蕊镶以珍珠和红宝石，珍珠光泽明润柔和，宝石纯净色红，莲蓬形如如意，而上有四个小圆孔，并施以蓝色珐琅彩。造像背后衬以细金丝编成的回纹的网。网后连接银质簪挺，簪挺扁平状，中间起脊，正面錾刻铭文："肃王妃熊氏施，伴读姚进兼装。"背面錾刻铭文："崇祯伍年捌月初十日。"

明崇祯五年金累丝嵌宝石白玉鱼篮观音簪
簪首造像为鱼篮观音立像，白玉质，发髻高耸，面相长圆，双眼细小，长鼻小嘴，身着交领宽袖长衣，衣摆曳地，肩有飘起的披巾，披巾经臂而下并向外翻飞，右手提一篮，身形较前述观音纤薄。身后为有细密透雕镂孔的叶形白玉质背屏，边缘镂雕缠枝花卉纹。下有束腰仰覆莲座，莲座系用细如发丝的金丝编织成的莲瓣焊接而成，上有两层仰莲瓣，下有一层覆莲瓣，束腰部饰以联珠纹。观音像周围仍为细金丝编就的把莲题材，亦共五把莲。其把莲为一莲花，一莲叶的组合。莲蕊镶红色宝石。最为引人注目的是在五把莲的莲花与莲叶之间，均匀地镶有用细金丝制成的短细弹簧，共四支，每支弹簧的另一端镶有一粒珍珠，珍珠动辄轻颤，极富美感。背屏后亦用细金丝编成回纹的网，以托住玉质造像。网后有银质簪挺，呈扁平状，中间起脊。正面錾刻铭文："肃王妃熊氏施，伴读姚进兼装。"背面錾刻铭文："崇祯伍年捌月初十日。"

301

两件发簪以明代发达的金嵌珠玉工艺制成，其用材主要有金、玉、银、珍珠、红宝石等。造像均为质地上乘的白玉，边饰则用了大量的细金丝，并使用了宝石和珍珠。从制造工艺上看，观音造像以切割、雕刻、琢磨、抛光成形，装饰部分则主要使用累丝工艺，即用极细的金丝编成把莲题材，镶以珍珠、宝石，还使用了锤揲、焊接、镶嵌、施珐琅彩等技术，尽显其华贵富丽，完美再现了明代发达的细金工艺之高超技术。

通过比较，还可以看到这两件簪在制作工艺、边饰题材组合、造型上存在一些差异。造像主体的制作工艺的最大不同在于送子观音像未使用镂雕技术，以浮雕为主，强调主体的轮廓，突出肃穆与厚重的造像气质；鱼篮观音像除身体外，附属物如背屏、披巾等均用镂雕表现，突出活泼与轻灵，又使用细弹簧镶以珍珠，颇有溅珠的效果，更具美感。在题材上，同为装饰于玉雕像周围的把莲题材组合不同，送子观音像的把莲为一莲花、一莲叶、一莲蓬，莲蓬上施蓝色珐琅彩，莲花瓣细长平展，边缘轮廓线有波折变化，莲蕊镶珍珠和红宝石；而鱼篮观音像的把莲组合中则无莲蓬，莲花瓣挺立，边缘轮廓线条流畅，花蕊均镶红宝石，无珍珠。莲座造型亦不同，送子观音像下部为三层仰莲座，逐层伸展，鱼篮观音则为束腰仰覆莲座，上部为二层逐层伸展的仰莲瓣，下部为一层覆莲瓣，中间为联珠纹。之所以有这些差异存在，当与这两身观音所具有的不同的功能意义有关。

这两件簪的实际功用无疑是簪发，然而作为施入塔内之物，则为专用供施物。明代金嵌珠宝技术最为发达，大量使用在礼仪冠服首饰上。发簪的制作尤其是簪首的变化极多，不仅制成各种花形，还有的呈龙凤形，或做成微型的树木、假山、亭台楼阁和各种人物形象等，这类簪的功能大大超出了簪发的作用，往往是作为社会宗教礼仪专用品来使用和制作的。白衣寺多子塔出土的这两件簪，应为供施之用。从其本身出自于塔刹之上就能说明其功用，同时，簪挺铭文也明确题刻了其功用："肃王妃熊氏施，伴读姚进兼装。崇祯伍年捌月初十日。"明确表明这是肃藩王妃熊氏作功德施于塔内之物，是特意为敬佛所造之物，同时又表明了供施者的身份。因此这两件簪实为供养所制的专用供施物而非实用簪。虽然具有实际的簪发功能，然而在这里它的实际功能只具有形式上的意义。

二、两件观音造像簪祈子内涵

多子塔，位于白衣寺内，系明代所建。据清咸丰年间（《补修白衣寺塔记》）碑文记载："白衣寺为前明肃藩王妃之功德。"寺院大殿后有多子塔，从簪挺铭文得知此塔于明崇祯五年重修。"多子"之塔名已将建造此塔的目的直接反映出来，塔的须弥座的四面均为砖雕传统吉祥图案。以把莲纹、暗八仙、吉祥动物为主。在塔座上下缘雕有半露满子的石榴、垂累的葡萄枝等图案。把莲、石榴、葡萄等这些题材均象征着多子，传达着这样一个信息：白衣寺多子塔是为明肃王家族祈子而建。而塔内之物自然是为祈子而施。

造像本身无论是观音还是用来装饰的题材都以表达祈子的内容为主，送子观音头戴披巾，双手托着小儿，坐于仰覆莲座上，面形长圆，神情肃穆，颈较短，头略向下垂，完全是一位具有很强的母性特征的民间中年妇女模样，更体现出母性的特点，这也与祈子观念相符合。此簪首为送子观音即直接表达了祈子的愿意。

再看鱼篮观音：

> 鱼篮观音，即马郎妇观音也。为三十三观音之一，手持鱼篮因有此名，又有水上乘大鱼之形象。宋濂鱼篮观音赞序曰："予按观音感应传，唐元和十二年，陕右金沙滩上，有一美艳女子，挈篮鬻鱼。人竞欲室之。女曰，妾能受经。一夕能诵普品者事焉。黎明能者二十。女辞曰，一身岂堪配众夫耶。请易金刚经。如前期。能者复居其半。女又辞请易法华经，期以三日。唯马氏子能。女令具礼成婚。入门，女即死。死即糜烂立尽。遽瘗之。他日有僧同马氏子启冢观之，唯黄金锁子骨焉。僧曰此观音示现，以化汝耳。言讫飞面去。自是陕西多诵经者。"[1]

鱼篮观音是最具中国民间特色的观音形象。和佛典无关，其固定的形象多为一雍容华贵的中年妇女，手提一鱼篮，或站于路边，或立于鱼背之上，如元代赵孟頫作《鱼篮观音大士像》就是绘一中年妇女手提一篮立于路边，气质华贵。鱼篮观音总是与劝人敬佛相联系的，篮中之鱼是观音化为民间妇人劝化的道具，通过卖鱼与民众接触，进而劝化愚顽。鱼篮观音造像出现在以祈子为主的多子塔上，结合白衣寺多子塔的建造目的，应该还是与祈子有某种关联的，簪上的观音系一妇女形象，着宽袖长衣，肩部披巾飘扬，手提一篮，并无与祈子有关的特征，然而此像与子嗣有关联的东西有二——一是鱼篮，二是把莲，关于把莲放在后面叙述。此篮中虽无鱼的实体形象，因观音手中的篮是鱼的辅助物，因此这里是以篮寓鱼的。存在于中国根深蒂固的传统观念中的鱼是多子多孙的象征，我国古代多以鱼象征富贵，取其谐音连年有余，同时鱼也有多子含义。如在民间艺术作品中，表达祈子多福多用鱼的形象，"鱼戏莲""鱼唆莲"这样的题材是常见的。尽管鱼篮观音手中的鱼原本是劝化不敬三宝者的道具，但在这里，并不单纯表现观音变化成民间卖鱼女的形象以教化愚顽，还兼有祈子之意。

从装饰题材上看，与祈子有关的，是装饰于两身观音像周围的五把莲。把莲题材在明清之际大量流行，出现在很多物品的装饰上，可作为装饰主题，也可作为边饰，常见组合为莲花、莲蓬、莲叶，常常表现为一束，在其茎部以锦带束之，成为固定的具有吉祥意义的传统图案，寓含连生贵子之意。两件簪上都使用了把莲作为装饰，这与祈子的愿望是相符合的。在这里要指出的是送子观音的五把莲上有莲蓬，而鱼篮观音的五把莲只强调了莲花与莲叶，莲蓬不见，这与明代崇祯时期把莲纹的变化是一致的，把莲组合中无莲蓬只有明崇祯时期才有这种现象，前代和后代均不见。如崇祯时期很多瓷器上的把莲纹趋向草率，只有简单的一莲一叶，甚至连束莲之带亦被省略，有的还省去了莲蓬。因此把莲题材与主像结合的意义就在于祈子。

在两件簪的装饰上，除了寓意连生贵子的把莲题材外，还有造像背后用细金丝编成的网，回纹连续不断，"由于回纹形状绵延，故而被民间称为'富贵不断头'，被作为象征神、禄、寿、世代、国运等深远、绵长的吉祥物"[2]。在把莲莲叶的处理上也多具缠枝意味，以寓生生不息、绵长不绝之意。

从以上所述，两件发簪簪首的造像与装饰题材都反映了一个主题即祈子，均表达出施入者祈子的意愿。而祈子的最终目的与明代肃王家族的生存有关。

三、肃藩王家族王位的承袭与祈子

终明一代，肃藩王家族的子嗣不旺，影响了王位的世代承袭。明初实行封藩制度，成为被明王朝历代帝王遵从不变的祖训。肃王楧是明太祖的第十四子，于洪武十一年封汉王，二十五年改封肃王，二十六年驻平凉，二十八年驻甘州，建文元年内徙，就藩兰州。从第一代朱楧至末代识鋐共九代王，识鋐于万历四十六年嗣，"崇祯十六年冬，李自成破兰州，被执，宗人皆死"[3]。这九代肃藩王的承袭过程中，因无嫡长子嗣承王位的事发生了三次，两次由孙及次孙继承王位，一次因无继承者而发生了继位之议，不得不越礼以六代藩王的从父缙𤊹嗣肃王[3]。

（前略）子简王禄埤嗣，成化十五年薨。子恭王贡錝嗣，嘉靖十五年薨。世子真淤、长孙弼桓皆早卒，次孙定王弼桄嗣，四十一年薨。子缙炯先卒，孙怀王绅堵嗣,逾二年薨。无子,靖王第四子㴋柿子辅国将军缙㷿,以属近宜嗣。礼官言,缙㷿,怀王从父,不宜袭。诏以本职理府事,上册宝,罢诸官属。穆宗即位,定王妃吴氏及延长王真滰等先后上言:"圣祖刈群雄,定天下,报功之典有隆无替。臣祖庄王受封边境,操练征戍,屏卫天家。不幸大宗中绝,反拘于昭穆之次,不及勋武继绝之典,非所以崇本支,厚藩卫也。"下部议,议以郡王理藩政。帝不许。隆庆五年,特命缙㷿嗣肃王,设官属之半。[3]

又,明洪武二十八年定制:

亲王嫡长子,年十岁,授金册宝,立为王世子。次嫡及庶子皆封为郡王。凡王世子必以嫡长,王年三十,正妃未有嫡子,其子止为郡王。待王与正妃年五十无嫡子,始立庶长子为王世子,袭封。[4]

这个定制是很严格的了,尤其对负有"受封边境,操练征戍,屏卫天家"重任的肃王家族来说更为重要,关系到这个家族的绵延和王位的承袭。明代肃藩王家族首先是家族生存,子嗣不继也就意味着王位不保。只要有子嗣,其王位就无忧。肃王家族比起其他的明代藩王家族来说没有很大的作为,这也与后代不兴有很大的关系。因此为了家族绵延,自然就会有祈子的行为,多子塔就是为祈子而建。这样的行为是希望通过做功德得到神的护佑,实现家族子孙兴旺、王权永继的意愿。

综上所述,建塔供施之目的就是为了多子多孙,企望肃藩王子嗣永继。在多子塔覆钵的南面开屋形龛,龛两侧有副对联:"玉柱玲珑通帝座,金城保障永皇图。"更明白地表明了祈子关系到明朝皇权永固,其宗教信仰的功利性是很强的。

原载于《敦煌研究》2008年02期。

参考文献:

[1]丁福宝:《佛学大辞典》,文物出版社,1984年。

[2]居阅时,瞿明安:《中国象征文化》,上海人民出版社,2001年。

[3]《明史·诸五二》,中华书局,1974年。

[4]《明史·礼八》,中华书局,1974年。

隐匿于博物馆内的古塔

孔 瑛

白衣塔寺

兰州繁华闹市之中,兰州市博物馆办公驻地,隐匿着一座距今约500年的古塔,始建年代不晚于明嘉靖时期,因寺院大殿内曾供有白衣大士像而得名"白衣寺塔"。

古塔历经数百年风雨沧桑,其所在的白衣寺是兰州迄今为止保存最为完整的明代寺院遗存。1981年甘肃省人民政府将该塔确定为省级重点文物保护单位。

塔隐于寺

兰州市博物馆里的文物有很多，但是隐匿于博物馆里的白衣寺塔不可不提。白衣寺塔在民间俗称多子塔，据清咸丰十年（1860年）篆刻的《补修白衣寺塔记》碑文记载："白衣寺为前明肃藩王所建，相传乃王妃之功德，至今四百余年，数则重修。"寺院为明肃藩王所建，而修建白衣寺塔则是明肃王为求神佛庇护，保子孙兴旺，用以祈福镇邪，利己利人的功德善举。

白衣寺曾规模较大。原寺院坐北朝南，由南向北以中轴线为主，主体建筑依次为山门、白衣菩萨大殿、多子塔以及两层木楼阁（一层观音阁、二层文昌宫）。东西两侧的厢房均供奉祠堂。东侧由南向北依次是伽蓝祠、送子将军祠、送子催生子孙三慈母宫。西侧由南向北依次是土地祠、旃檀神王庙、眼光痘疹庙三慈母宫。曾于明崇祯四年（1631年）和清道光二十三年（1843年）两次修葺，如今仅有白衣菩萨大殿和多子塔幸存。

白衣寺塔为八角十二层实心砖塔，总高25.7米。由塔基、须弥座、塔身和塔刹四部分组成。塔基为错牙式方形须弥座，长、宽各约七米，高约2.8米。须弥座的四面均为吉祥纹样的砖雕，以如意纹、莲纹、暗八仙等传统图案为主。塔身分为两部分：上部为楼阁式，呈八角形锥体，高约18.5米，共做密檐12层，偶数层级在佛塔中极为罕见，在国内属特例。塔身每层八面开龛塑像，每龛内供奉一尊泥塑佛像，96尊佛结印各异、生动唯美。每层角檐处各悬挂风铃1个，若起风，铃声悠扬，清脆悦耳。塔身下部呈覆钵状，正南方与塔基相连处开有一个较大佛龛，佛龛内原供三尊佛像，现已无存。两侧外有凸起砖雕对联一副："玉柱玲珑通帝座，金城保障永皇图"，横额是"耸瞻震旦"。据题款"太华道人崇祯辛未孟夏之吉"（太华道人是明肃王朱识鋐的别号），可推断肃王朱识鋐尊崇道教。此对联明确了修建此塔的目的是明肃藩王保皇权永固。最上面的塔刹为釉陶中空，由蓝色仰莲状刹基、绿色宝瓶状刹身、葫芦形刹顶三部分构成。

塔刹遗珍

1987年冬，在对白衣寺塔进行加固维修时，从塔刹顶端琉璃球下出土了明代德化窑白瓷造像、佛经、鎏金铜佛像等珍贵文物；同时在正南方靠刹杆的土层中，又清理出一带盖带锁的黑陶瓮，瓮内装有十多个丝织品包裹的小包，包内有金镶玉送子观音簪、金镶玉鱼篮观音簪、铜镜、铜钱、金银器等一批精美的文物，这些塔刹出土的文物为我们研究明肃王在兰州以及与古塔之间的关系提供了宝贵的实物参考和历史依据。

在这一批出土文物中，两件观音簪和明代德化窑白瓷造像尤为突出，引起了专家学者的关注。其中两件观音簪于1996年6月被国家文物鉴定专家组确定为国家一级文物。之后，依据两件观音簪的年代、质地、制造工艺、观音造像的名号最终定名为"明崇祯五年金累丝嵌青玉抱子观音簪""明崇祯五年金累丝嵌白玉鱼篮观音簪"（简称"抱子观音簪"和"鱼篮观音簪"）；而明代德化窑白瓷造像因破损影响，被确定为国家二级文物。据多方考证，该造像为明德化窑文昌帝君像。

这三件文物件件耐人寻味，古物留下的美，让人们大饱眼福。

"抱子观音簪"簪首内嵌造像为抱子观音坐像，青玉质地，观音梳高发髻、戴宝冠，圆脸丰颊、直鼻凤眼、口微闭，身披天衣，宽袖罗裙，体形丰腴，庄严慈穆；观音双手抱一小儿，小儿呈坐姿，眉清目秀，裸双足，憨态可掬。观音坐像下为细金丝编就的三层仰莲座，逐层延展。造像周围均以细如发丝的金丝编结而成的把莲题材，把莲为一莲叶、一莲花、一莲蓬组合而成，共为五束，观音造像紧密镶嵌其中。莲叶缠枝侧卷翻，花瓣平展，内镶以珍珠和红宝石略施点缀，莲蓬为如意造型，上有四个圆孔，孔外施蓝色珐琅彩。造像后面以细金丝编成的回纹网为背衬，网后为扁平状银质簪挺，中间起脊，挺上簪刻铭文，正面錾刻铭文："肃王妃熊氏施，伴读姚进兼装。"背面錾刻铭文："崇祯伍年捌月初十日。"

"鱼篮观音簪"簪首造像为鱼篮观音立像，镂雕背屏，白玉质地，高发髻，圆脸，细眉长目，丰鼻小口，着交领宽袖长衣，衣裙曳地，镂雕披巾随风飘起，右手提一篮，造型轻巧灵动，立像镶嵌在细金丝编就的五把莲和莲座中，莲蕊内嵌红宝石。值得一提的是在五把莲的莲花与莲叶之间，均匀地延展有用细金丝制成的四支细弹簧，每支金丝弹簧末端镶有一粒珍珠点缀，珍珠动辄轻颤，摇曳生姿。莲座有三层，用细如发丝的金丝编织成的莲瓣焊接而成，上面两层仰莲瓣，下面一层覆莲瓣，束腰部饰以联珠纹。背屏后也用细金丝编成回纹的网，以托衬白玉造像。网后有银质簪挺，呈扁平状，中间起脊，簪挺上刻铭文，内容同上。

　　两件发簪的出土均呈现了明代发达的金嵌珠玉工艺，其制作考究，纹饰繁复令人惊叹。观音造像都使用了切割、雕刻、琢磨、抛光等制造工艺，装饰则多用累丝工艺，由极细的金丝编成把莲题材，内镶以珍珠、宝石，兼用锤揲、焊接、镶嵌、施珐琅彩等技术，尽显其皇室华贵富丽，完美展现了明代发达的细金工之高超技术。这两件观音簪用如此复杂的工艺和精美的造型制作而成，却都无使用痕迹，应不是簪发实用，而是作为宗教礼仪专用供施物装藏于塔刹内，结合两件发簪铭文，都为肃王妃熊氏供施。再从装饰题材上看两件观音簪周围的五把莲，中国民间历来都有连生贵子之寓意，况且造像背后专用细金丝编成的网状回纹，形状绵延，生生不断，所有纹饰都寄寓了强烈的祈子愿望，故诸多迹象充分证明多子塔是明肃藩王家族以祈子来保皇权承继特意修建。

　　另一件白衣寺塔出土的珍贵文物明代德化窑文昌帝君像，为白瓷人像，一高一矮共两位，高者为文昌帝君，人物体态儒雅、头戴幞头，面如冠玉、龙眉凤目、上唇留须，头部微低、呈俯视状。身着宽袖长袍，腰间佩玉腰带；右手执如意一枚，左手下垂隐于袖内，呈坐姿。矮者应为孔子，一旁侍立，头戴冠帽，

慈眉善目、留长须、微颔首、长衫曳地、宽袖掩手抱一书卷于胸前，温文尔雅。塑像与石台底座为一体烧造而成，通体滋润，胎质细腻、釉色纯净、釉面肥厚，白中见黄，如脂似玉。此件德化窑白瓷造像充分体现了明代德化瓷造像的高超技艺，其作品以细腻洁白的瓷胎和独具特色的"象牙白"釉将我国精湛的白瓷艺术推向了世界陶瓷艺术的顶峰，被后世誉为"中国白"，并被视为珍贵财富而备受追捧。

明肃藩王

说了这么多有关白衣寺塔的文物，那么修建古塔的明肃藩王到底为何人呢？

据记载，明初朱元璋把太子以外的皇子分封到各地，拥握重兵，作为专制皇权的军事支撑，镇守边疆。其封藩制度让宗室子弟世代享受着优厚的俸饷和待遇。洪武九年（1376年）九月太祖的第十四子朱楧出生，洪武十一年（1378年），3岁的朱楧便被封为汉王，二十五年（1392年），朱楧被改封为肃王，次年受命赶赴西北重镇甘州（今甘肃张掖）。建文帝元年（1399年），笃信道教的朱楧从甘州迁至临洮府兰县（今兰州市）。当时的甘州和临洮相比，兰州处在不太重要的位置，但朱楧迁兰后大规模建府邸宫观，倡导文化，对后来兰州的发展影响巨大。

从朱楧受封为第一代肃藩王，至崇祯十六年（1643年）末代肃王朱识鋐，共9世11王，经历251年。（肃王传至第六代肃怀王朱绅堵时便绝嗣，由怀王的堂叔缙䌹受袭封，怀王后的三代肃王已不是原封肃王的嫡裔。）从可供参考的资料来看，历代肃王在兰州为藩王时都大兴土木、营建王府、修筑学宫、广修寺庙，在水利设施等公益事业方面做出较大贡献，使兰州城市面貌发生了很大的变化，对保护兰州的文化古迹起到了积极的保护作用，也给我们留下了诸多不可多得的文化遗存，其中不乏出自明代宫廷内府的珍品，而有一部分就源于白衣寺塔，这些塔刹出土的文物为我们研究明肃王在兰州以及与古塔之间的关系提供了宝贵的实物参考和历史依据。

几百年来，白衣寺塔作为兰州社会历史发展沿革的遗存、明代建筑的典范、文化艺术的传承，虽历经多次战火和地震等自然灾害，如今依然保存完好，说明它在建造塔体承载性能、保证结构整体强度方面均呈现了古代造塔及高层建筑的高超技艺。作为兰州现存的一大文化景观，地方文化艺术的标志和象征性建筑，为研究明代建筑科学技术、造型艺术、宗教信仰及其丰富的文化内涵，提供了宝贵而详尽的实物史料。而作为偶数十二层实心砖塔，在国内外极为罕见，对研究明代建筑的发展和佛教文化的传播也有着极其重要的价值，意义非凡。

原载于《甘肃日报》2018年12月20日。

明德化窑梓潼帝君造像考析

孔 瑛

摘　要：明代德化窑梓潼帝君造像1987年出土于兰州市庆阳路明代白衣寺多子塔塔刹，一直以来被误定为明肃王造像和福、禄、寿三星之"禄神"，经笔者多方考证，准确的定名应是梓潼帝君亦称文昌帝君，是道教中掌管文昌府事及人间官禄的神。

关键词：明肃王；白衣寺塔；梓潼帝君；德化窑

　　1987年，甘肃省兰州市文物部门对兰州市庆阳路240号明代白衣寺多子塔进行维修时，从塔刹内出土了一批珍贵的塔藏文物，在众多珍贵文物中有一件明代德化窑白瓷造像[1]尤为引人注意。只是出土时微有破损，黏接修复后，光彩依然。经国家文物局专家鉴定为国家一级文物，现在兰州市博物馆历史陈列厅展出。

　　此造像为白瓷人像，塑造像两人，一高一矮，均为男性，高者13.17厘米，人物体态丰腴，戴幞头，眉目清秀，上下唇均留短须，头部微低，呈俯视状。内着右衽交领衫，外穿宽袖袍，腰间佩以明代常见玉腰带。右手执如意，左手扶膝藏于袖内，呈坐姿。旁边侍立长须老者文质彬彬，神态怡然，双手抱书卷于胸前，塑像底座为石台状。造像通体滋润光亮、胎质细腻，釉色纯净，釉面油腻肥厚白中见黄，俗称"猪油白"，色泽乳白如脂似玉，为典型的我国德化窑产品。

　　德化窑是我国历史名窑之一，其瓷器从宋代开始发展，明至清初白瓷独树一帜跃居瓷类之首，白釉瓷代表了当时德化窑烧瓷技术的最高成就，为德化窑发展的鼎盛时期，其胎质俗称"糯米胎"，白细坚硬，釉色滋润、釉质纯净；大多数瓷胎致密，透光度强，有的在阳光下可见指影，并带粉红色。明代德化窑因成熟地掌握了氧化气氛的烧成技术，故出土瓷器几乎都是带牙黄的"猪油白"之类的器物。不仅如此，德化瓷器在工艺技术上追求玉器光洁莹润的质感，釉层十分薄，胎釉结合浑然一体，极有利于通过这层薄釉显现出半透明胎的特点。因薄釉与胎的钾熔剂含量相近，胎中含钾高，所以制成的瓷器釉质纯净，光润如绢，乳白似玉，给人以冰清玉洁的感觉。由此明代德化白瓷依据瓷器釉色深浅变化又有"鹅绒白""象牙白""葱根白"的美名。

关于兰州市博物馆馆藏明代德化窑白瓷造像原型的问题，比较普遍的说法有两种：瓷像出土之初定名为明肃王，此名称已被推翻，理由为德化白瓷在明代鲜有定制个人瓷像的先例，多子塔虽为明肃藩王所建，但藩王毕竟是凡人，违背了明德化白瓷造像通常多烧制佛道仙人，极少塑造凡人瓷像的常理，且此造像出土时与佛经、佛像等放置一处，遂应属宗教人物，故肃王一说不能成立；另有一说为禄神，依据为台北故宫博物院所藏万历青花五彩"星"盘和康熙青花"高官厚禄"图，在"三星"图中，福星拱手侧立，禄星持如意状宝物居中，其中禄星所持之物与该造像所持之物相同，在"高官厚禄"图里，其人物服饰与瓷像服饰完全相似，甚至于连面相、体态也很相似。[2]

笔者经查阅多方资料发现，南京博物院同样藏有一件德化窑白瓷梓潼帝君造像，造像被定名为文昌与孔子。造像具体描述如下："文昌帝塑像，高16.1厘米，采用合模工艺制成，底部为椭圆形，人物眉清目秀，体态丰腴，头戴梁冠，帽后两条长带直及双肩，头部微低，呈俯视状，衣着为圆领长袍，长宽大袖，腰间佩以明代常见玉腰带作为装饰，左手抚膝，长袖掩手。文昌帝左侧为孔子立像，文质彬彬，神态安详，双手抱书卷于左胸，底座为石台状，石台上可见大小不一、形状各异的小孔，（背面文昌帝君所倚之石亦如此），充分展示出石头的质感。这种基台的表现方法也是德化窑明代到清初制作工艺一大特点。"拿此件与兰州市博物馆这尊相对比：白瓷造像均为两人，两者无论从人物造型、面部特征、衣物配饰、工艺制作都有惊人地相似，而福建博物院也珍藏有一尊背有阴文"何朝宗印"篆书款的明代德化窑文昌坐像，虽仅一人，但造型与兰州市博物馆此尊也非常相近。从传世德化窑瓷雕看，明代由于政治的需要和民间信仰的兴盛，明朝皇室大都尊崇道教，文昌作为封建尊神，各地祭祀文昌帝君比较普遍，都设有文昌宫、文昌阁或文昌祠。许多供奉的德化白瓷造像有的还要经过开光、装藏等宗教仪式，才会被放至佛堂中享受供养膜拜。一些乡间书院和私塾也都供奉文昌神像或神位，旨在宣扬"近报则在自己，远报则在儿孙"的因果报应，劝人积德行善。人们常把文昌与孔子并列，称之为"北有孔子、南有文昌"。明肃藩王作为皇室后裔，在兰州为藩二百多年，大兴土木，营建王府，广修道观寺院，笃信道教，且多自拟道号，诵经炼丹，颐养天年，陈设供器文昌帝君应属自然。至于瓷像两人有大小之别则是依照古代的等级制度，文昌贵为神，孔子尊为圣，所以塑造者以大小来区分主从关系。由此可断定兰州市博物馆所藏此像主为文昌帝，侍为孔子。

文昌帝君：文昌本星名，亦称"文曲星"。中国古代对斗魁（即魁星）之上六星的总称。古时星相家认为它是主大贵的吉星，道教又将其尊为主宰功名禄位的神，又叫"文星"，是中国古代学问、文章、科举士子的守护神。隋唐科举制度产生以后，文昌星尤为文人学子顶礼膜拜，多把考中"状元""进士"，步入"仕途"的心愿寄托于他。谓之文昌"职司文武爵禄科举之本"。到了元代，仁宗皇帝封梓潼神为"辅元开化文昌司禄宏仁帝君"，文昌星和梓潼帝君二神逐渐合二为一。[3] 梓潼帝君在道教神仙系统中地位较高，俗名张亚子，一说恶子。晋孝武帝宁康元年，苻坚出兵攻晋，亚子与杨光起义反对。张亚子称蜀王，建元"黑龙"。苻坚遣邓羌灭之，亚子战死。他是忠主救民、为官清廉、慈祥孝亲的楷模，后人为纪念他，立庙祀祭崇奉他为潼河大帝。道教云玉帝命梓潼神掌文昌府事及人间官禄，故民间俗称文昌帝君。

这件德化白瓷造像两人均惟妙惟肖，栩栩如生。充分体现了明代德化瓷造像的高超技艺。然而德化白瓷的成就与优质的制瓷原料有密不可分的关系，相比其他地方产的瓷器，德化瓷石是一种适于素雕而防止高温下变形的优良制瓷原料。德化白瓷因瓷土中含铁量低，含钾量高，是一种天然混合的石英—高岭—绢云母（少量长石）的三元矿物组成系统，为制胎或配釉提供了方便。工匠们利用本地瓷土的自然优势，在烧制生活器皿的同时，精心设计，创作出一批精美的瓷雕作品，故明代以佛教、道教为题材的造像比较发达，雕塑名匠辈出，加之明代改筑"蛋式大窑"，促使德化瓷雕技法也日臻成熟，把德化窑的工艺技术推向了历史的巅峰。[4]

德化窑产品不仅供国人使用，也是对外贸易中数量较大的输出品。德化工匠们以得天独厚的自然原料，鬼斧神工的制作工艺，天马行空的创作想象，创造出造型优美、令人神往的艺术精品，成为古代"海上丝绸之路"重要的贸易输出品，繁荣了十七、十八世纪瓷器的外销。德化白瓷不仅在国内的博物院、博物馆、文管会等单位有优秀藏品，欧洲各国的博物馆、美术馆以及私人收藏家也都珍藏德化窑作品。据史料记载，德化白瓷自宋元明时期销售范围就遍及包括亚洲、欧洲和非洲在内的世界各地，尤其明清是德化白瓷大量销往欧洲的全盛时期。其作品以细腻洁白的瓷胎和独具特色的"象牙白"釉将我国精湛的白瓷艺术推向了世界陶瓷艺术的顶峰，被誉为"中国白"，得到欧洲贵族阶层的欢迎，尤其是德化的瓷雕作品，被视为珍贵财富而备受推崇。由于白瓷深合外国人的审美喜好，而上乘的德化白瓷传世较少，近年来在收藏市场行情一路见涨，明代德化瓷雕领涨德化白瓷收藏行情，尤其是日本、欧洲藏家竞相转场世界各地拍卖行，甚至连一片小小的德化白瓷残片也成为众多陶瓷藏家追逐的重点。德化瓷雕的艺术成就，不仅在收藏界享有盛誉，对后来的艺术创作也有深远的影响，确立了其在中国陶艺雕塑史上的重要地位。在国际市场上深受赞扬，享有"东方艺术"和"国际瓷坛上的明珠"之誉。

此件明代德化窑文昌帝君造像在兰州发现实属罕见。其出土地白衣寺多子塔位于兰州市庆阳路，寺院因菩萨殿内原绘有白衣大士像而得名。据清咸丰十年（1860年）《补修白衣寺塔记》载："白衣寺为前明肃藩王所建，相传乃王妃之功德，至今四百余年。"因为肃藩王妃祈子而建，故又名多子塔。白衣寺在兰州历史上规模大，影响广。从南向北的中轴线上依次有山门、白衣寺菩萨殿、多子塔以及两层木结构的观音阁和文昌宫。东西两侧有土地祠、伽蓝祠、旃檀神王庙、眼光痘疹疮癣三慈母宫、送子催生子孙三慈母宫等十座单体建筑。[5]虽曾于明崇祯四年（1631年）和清道光二十三年（1843年）两次修葺，1985年和1987年，兰州市政府又两次拨专款维修，但是经历了百余年的风雨沧桑，如今仅存白衣寺多子塔巍然屹立。这座高25.7米的八角十二层实心砖塔，由塔基、须弥座、覆钵楼阁式塔身和塔刹组成。传统的中国佛塔建筑层数多为奇数，一般为七级、九级、十一级、十三级，然而白衣寺塔却建了十二级，偶数在佛塔层级中极为少见。十二级的多子塔塔身，层层叠涩飞檐、面面开龛塑佛，每层每面各开佛龛1个，内塑佛像1尊，共计96尊，塑像造型生动、结印各异；塔刹为釉陶中空，由蓝色仰莲状刹基、绿色宝瓶状刹身、葫芦形刹顶三部分构成。明德化窑文昌帝君造像就发现于塔刹莲瓣内，同时出土的一批珍贵文物还包括佛经、金银压胜钱、佛名符牒、鎏金铜佛像等；另一部分则藏于顶层瓮函内，有明代丝绸、头发、累丝莲嵌白玉送子观音簪、银质福寿压胜钱、铜镜、明代铜钱、丝绸绢帕等。这些塔藏文物的掩藏形式比较鲜见，极大地丰富了中国古塔塔藏文物的掩藏制式。其中出土器物中的累丝莲嵌白玉送子观音簪上镌有"肃王妃熊氏施伴读姚进兼装崇祯伍年捌月拾日"之簪铭，表明了白衣寺塔与明代肃王的关系。[6] 而明德化窑文昌帝君造像的出土也足以体现历代肃王对掌管人间禄籍文运的文昌帝君的尊崇，及当时陕甘地区人们对文昌文化"崇文、重教、明理、修身、助人、行善"的提倡和弘扬。

原载于《丝绸之路》2011 年 14 期 总第 207 期。

参考文献：

[1] 兰州市文物编纂委员会:《兰州市志·文物志》,兰州大学出版社,2006 年。

[2] 曹小兵:《兰州市博物馆收藏的两件瓷器》,《陇右文博》2004 年,总第 19 期。

[3] 王家佑:《道教论稿》,巴蜀书社,1987 年。

[4] 宋伯胤:《谈德化窑》,《文物参考资料》1955 年第 4 期。

[5] 林健:《明代肃王研究》,甘肃人民出版社,2005 年。

榆中出土的明代铳炮研究

叶削坚

内容提要：榆中出土的明代铳炮证明，最迟在明代嘉靖年间，管形火器在命名上不再铳、砲混用，而是根据器形分别称呼。这些铳砲是研究明代火器铸造情况的实物资料。

关　键　词：白衣寺多子塔；观音造像簪；王位承袭
中图分类号：K875.8
文献标识码：A
文章编号：1005-3115（2005）01-0016-02

1990年10月9日，在榆中县公安局院内出土了14件明代铜火器，7件旋风砲，7件佛郎机铳。旋风砲前膛呈圆筒状，长23.8厘米，外口径9.9厘米，内口径6.4厘米。药室呈圆形，上有药眼，药眼前为照星，后为照门。药室长8.2厘米，宽12.2厘米。火药眼直径0.2厘米。尾銎呈喇叭形，长6.5厘米，内口径7.1厘米，外口径10.4厘米，銎上有二道加强箍，箍间阴刻铭文："旋风砲壹仟叁佰口陆号嘉靖丁酉年兵仗局造"。另6件形制与此件相同，铭文格式亦同，编号分别为953、1148、1120、1164、2219。銎内壁竖刻重量铭文，轻者"贰拾柒斤"，重者"叁拾斤"。佛郎机铳前膛呈长圆筒状，长46.2厘米，上有三道加强箍，外口径3.9厘米，内口径2.4厘米。药室呈圆筒状，粗于前膛与尾銎，长16.1厘米，宽6.5厘米，前端加二道加强箍，后端一道加强箍。尾銎为圆筒状，长10.6厘米，銎内径3.4厘米，銎外径4.5厘米，上有二道加强箍，箍间阴刻铭文："马上佛郎机铳筒柒佰陆拾陆号嘉靖丁酉年兵仗局造重玖斤"。另6件铳与此件形制相同，铭文格式亦同，编号分别29、219、272、767、854、899。最轻的一件"重柒斤捌两"，两件"重捌斤拾两"，一件"重捌斤拾贰两"，一件"重玖斤"，一件字迹不清。

一、关于明代铳砲的铭文与编号

中国革命军事博物馆收藏的明洪武五年（1372年）的大碗口筒，两端均可发射，长36.5厘米，口径11厘米，重15.75公斤，器身上刻铭文"韩""水军在卫进字四十二号大碗口筒，重二十六斤，洪武五年十二月吉日，宝源局造"。[1]山西省博物馆收藏的三尊铁砲带双耳轴，有三道箍，通长100厘米，口径21厘米，砲口下铸铭文三行："大明洪武十年丁巳季月吉日平阳卫造"。[2]出土于甘肃张掖的明代三件铜铳后座上阴刻铭文分别为："奇字壹千陆佰拾壹号永乐柒年玖月日造""奇字壹千柒佰捌拾壹号永乐柒年玖月日造""奇字壹千玖佰叁拾叁号永乐柒年玖月日造"。[3]宁夏灵武与甘肃定西各出土了一件与榆中相同的旋风砲，铭文分别为"旋风砲壹千壹佰柒拾壹号嘉靖丁酉年兵仗局造""旋风砲壹千陆佰柒号嘉靖丁酉年兵仗局造"。[4]由此可看出，明代前前后后铳砲的生产数量是相当大的，其铭文以生产编号及生产年代为主，不同于元代铳砲铭文的颂扬之词。如收藏于中国人民革命军事博物馆的元至正十一年铜铳，其前端镌"射穿百札，声动九天"，中部镌"神飞"，尾部镌刻"至正辛卯""天山"等字。[5]

二、关于铳、砲与砲的命名

铳，本指斧头上受柄的孔。《广雅·释器》云："铳谓之銎。"《集韵·送韵》："铳，斧穿也。"后来出现了用火药发射弹丸的管形火器，就将其命名为"铳"。《篇海类编·珍宝类·金部》："铳，火铳。"《元史·达理麻识理传》："纠集丁壮苗军，火铳什伍相连。"从此可知这一命名最迟始于元代。

元、明时代，铳、砲并无严格的区分，铳亦是砲，砲亦是铳。明邱濬《大学衍义补·器械之利》："近世以火药实铜铁器中，亦谓砲，又谓之铳。"榆中出土的这14件火器，自铭"铳筒"的全长72.9厘米，重4.7千克（自编号766）；自铭"砲"的全长38.5厘米，重14.5千克（自编号13.6）。这就从造型与重量上将"铳"和"砲"区分开来。但从出土的明嘉靖以前的管形火器实物看，多称"铳筒"或"筒"。如山东省冠县出土的洪武十一年自铭"铳筒"的火器，重15.5千克，长36.4厘米，略重于榆中出土的旋风砲而长度略不及。河北宽城出土的明洪武十八年的火器，也自铭"铳筒"，重26.5千克，长52厘米，重量与长度均超过榆中出土的旋风砲，但却不称"砲"。贵州赫章出土的明洪武十一年的火器，重8.35千克，长31.8厘米，干脆自称"碗口筒"。

在将这种较重的火器称"砲"以前，"砲"专指一种以器械抛石的作战工具，同"砲"。《集韵·效韵》："砲，机石也。或从包。"三国魏曹睿《善哉行》："发砲若雷，吐气如雨。"这里的"砲"就是指这种以器械抛石的工具。《正字通·石部》："确，俗作砲。"《新唐书·李密传》："以机发石，为攻城械，号'将军砲'。"宋时，又出现了一种用纸包石灰硫磺，以机械发射的霹雳砲。宋杨万里《海蝤船赋序》："绍兴辛已，逆（完颜）亮自江北掠民船欲济，虞允文伏舟七宝山后，发以霹雳砲，盖以纸为之，实以石灰硫磺。砲自空而下坠水中，硫磺得水，而火自跳出，其声若雷。纸裂而石灰散为烟雾，迷其人马之目，遂压其舟，人马皆溺，大破之。"

到了近代，以"炮"代替了"砲"。"炮"成了近现代管形火器的名称，宣告了冷兵器时代的结束。

三、明代火器的铸造情况

一是火器种类多。《明史·兵四》："明置兵仗、军器二局，分造火器。号将军者自大至五。又有夺门将军大小二样、神机砲、襄阳砲、盏口砲、碗口砲、旋风砲……九龙筒之属，凡数十种。"

二是制作用料以铜铁为主。《明史·兵四》："制用生、熟赤铜相间，其用铁者，建铁柔为最，西铁次之。"

三是制造技术发展到了一个新水平。明代盛行手把单发铳，经过战争的实践，为提高射速，增加火器的杀伤力，又制造了大量的多发铳。多发铳分多管式和单管分段式两种。多管铳有夹把铳、三眼铳、五眼铳、七星铳等；单管分段式有三出连珠和十眼铳等。《明史·兵四》："景泰元年，巡关侍郎江潮言：'……应州民师翱制铳，有机，倾刻三发，及三百步外。'俱试验之。"砲的性能在明代也有了很大的改进。如中国革命军事博物馆收藏的洪武五年(1372年)的大碗口筒，两端均可装填火药弹丸，一头发射后，掉转过来再发射另一头。明代还注意吸收欧洲先进造砲技术。《明史·兵四》："至嘉靖八年，始从右都御史汪鋐言，造佛郎机砲，谓之大将军，发诸边镇。佛郎机者，国名也(即葡萄牙)。正德末，其国舶至广东。白沙巡检何儒得其制，以铜为之，长五六尺，大者重千余斤，小者百五十斤，巨腹长颈，腹有修孔。以子铳五枚，贮药置腹中，发及百余丈，最利水战。""万历……大西洋船至，复得巨砲，曰红夷。长二丈余，重者至三千斤，能洞裂石城震数十里。天启中，锡以大将军号，遣官祀之。"

四是朝廷态度矛盾。一方面非常看重这种武器，诏部制造；另一方面却限制使用。《明史·兵四》："永乐十年，诏自开平至怀来、宣府、万全、兴和诸山顶，皆置五砲架。二十年从张辅请，增置于山西大同、天城、阳和、朔州等卫以御敌。然利器不可示人，朝廷亦慎惜之。""宣德五年，敕宣府总兵官谭广：'神铳，国家所重，在边墩堡，量给以壮军威，勿轻给。' 正统六年，边将黄真、杨洪立神铳局于宣府独石。帝以火器外造，恐传习漏泄，敕止之。"从出土的明代铳砲实物看，朝廷的"慎惜"态度作用不大。既然是利器，军队总要千方百计铸造并大量使用，不仅生产数量多，使用范围也不只北京、山西等地。从辽宁到甘肃，千里关隘，万座墩堡，均配置这种火器。到后来，不光兵仗军器二二局铸造此类火器，各地边镇亦造。《明史·兵四》："又各边自造，自正统十四年四川始。"

四、关于"马上佛郎机铳筒"

明史的记载中有"大中小佛郎机铜铳""佛郎机铁铳"，未见"马上佛郎机铳筒"。翻阅《中国古代兵器图册》（刘旭编著，北京图书馆出版社出版），亦未见"马上佛郎机铳筒"。既然是"马上"，当为骑兵所用。若骑在马上点燃发射，肯定不便。应该是当遇敌时，骑手下马，将铳置于马背，以马作架，同时马又为人掩体，朝敌发射弹丸。这比起步兵手把铳筒发射来说，显然灵活机动快速，能更有效地打击敌人。榆中"马上佛郎机铳筒"的出土，为中国兵器史增添了新的史料。

原载于《丝绸之路文论》2005年上半年。

参考文献：

[1] 王荣：《元明火铳的装置复原》，《文物》，1962年第3期。

[2] 胡振祺：《明代铁砲》，《山西文物》，1982年第1期。

[3] 师万林：《甘肃张掖发现明代铜铳》，《考古与文物》，1986年第4期。

[4] 朱晞山：《灵武县崇六乡小杨渠出土明代铜制旋风砲》，《文物参考资料》，1956年12月。

[5] 成东：《明代前期有铭火铳初探》，《文物》，1988年第6期。

《也说隋代金城郡治的地理位置》与《隋代金城郡治地位考》商榷

娄 方

最近翻阅兰州地方史资料时，偶然在1984年第5期的《兰州学刊》上，看到了刘国元、吕叔桐二位同志合写的《隋金城郡治地位考》一文（以下简称《地位考》）。《地位考》据《周书·王杰传》"王杰，金城直城人也……后从（孝武帝）西迁……出为河州刺史，朝廷以杰勋望俱重，故授以本州"一语，认为北魏孝武帝时期的河州金城郡领县中应有直城一县，《魏书地形志》漏载，近而，《地位考》又因《水经注》中有"苑川水出勇士县子城南山，东北流，历此城川，世谓之子城川"一则记载[1]，推测《水经注》中提到的子城，即《王杰传》中的直城，具体地点在今榆中县苑川王家崖附近；《隋书·地理志》说："（金城）旧县曰子城，带金城郡"，那么隋代金城郡治地的旧县——西魏北周时期的子城县，也自然应在今榆中县苑川某地了。至于史籍明确记载隋取皋兰山名在今兰州城关设置兰州府的问题，《地位考》解释说："今天的兰州城区建置，始于隋设五泉县，到了唐代才成为兰州府的治所……也就是说唐之兰州治所是由隋子城（后改金城县）迁至隋五泉县并改名金城县。"[2]

归纳《地位考》提出的问题，主要有以下两个方面：第一，子城县并非设于西魏，早在北魏孝武帝（532—533年）以前即已设立，具体地点在今榆中苑川王家崖附近；第二，隋因周之子城以为金城郡治，治地金城县仍在今榆中苑川，兰州只是隋代金城郡的一个辖县——五泉县的治所，唐初，金城郡治才由榆中迁至今兰州市城关。

《地位考》的看法笔者不敢苟同。现将可榷之点写出来，请研究兰州地方史的同志斟酌，也请刘、吕二同志批评指正。

围绕上述两个问题，《地位考》引据的材料颇多。明了起见，先让我们对其所据的主要史料及其推论，做个初步的分析。

一、徐文范《东晋南北朝与地表·州郡表》中"晋金城条"说:"张轨徙郡至榆中,治金城县,曰子城。"我们认为子城设县当在北魏时期。

按:《地位考》以上这段文字,大致存在两个问题。一是引文有误。徐氏《东晋南北朝与地表·州郡表》的正确原文应是:"张实徙郡自榆中治金城县,曰子城。"[3] 根据现有史料,魏晋南北朝时期的榆中、金城二县,分别在今榆中县西北和兰州市西固区两地,如依《地位考》所云张轨(应是张实)将金城郡迁到了榆中,那治所又怎能在金城县呢?显然,《地位考》的作者在使用这条材料时,因未核对原文,误将"自"写作"至",又将句读从县字之后错断至榆中之后,使全文产生了无法解释的矛盾。二是所引史料不可信。《元和郡县志》卷39"(五泉县)本汉金城县地,属金城郡,前凉张实徙郡理焉"一语,盖徐氏《州郡表》所本。原不致误,可以理解为张实从榆中徙金城郡治至金城县,后来(西魏北周时)改名子城县。[4] 但徐氏在叙及东晋南北朝金城县的沿革时又说:"张实徙郡自榆中治此(指金城县),改曰子城。"[5] 这就有问题了。《晋书》卷89《车济传》:"车济字万度,敦煌人也,果毅有大量。张重华以为金城令。"张重华是张骏之子,张实之孙。如果张实时金城县已改名子城,那么其孙张重华为何不称子城令,反而要在新任县令之前冠之以废弃了的县名呢?[6] 很明显,徐氏关于十六国时期金城县改称子城县这则材料,根本就没有什么依据。

二、魏收《地形志》是据东魏孝静帝时的资料写成的,他在《志》中说:"州郡创改,随而注之,不知则阙",以东魏所残存的资记西北事,于西北郡县设置废省的沿革确有缺漏误记的地方,胡三省早已指出。

按:魏收《地形志》中"缺漏误记"的地方的确不少,但若以此作为北魏河州金城郡领县中也有缺漏的傍证,理由尚嫌不足。其一,《地形志》出现"缺漏误记"的原因,并非当时资料残缺的结果,[7] 而是由于魏收在记述北魏一代政区史实时,对材料的取舍缺乏统一的标准造成的。例如《地形志》记东魏辖境内的政区地理,取北魏分裂后东魏孝静帝(534—537年)时的区域性资料,载西魏北周辖区内的建置,又采北魏末年的全国性地志——"永熙(532—534年)绾籍"[8]。这种用不同时期和涵盖地域的材料记述同一史实的结果,势必产生重叠漏误的弊病,但如上所述,《地形志》中存在的这种缺憾,与《地位考》

所谓"是据东魏孝静帝时的资料写成的"以及"东魏所残存的资料"等提法，根本就是两回事。其二，《地形志》虽云："州郡创改，随而注之，不知则阙。"但接着又说："其沦陷诸州，据永熙绾籍，无者不录焉。"所谓"沦陷诸州"，是指包括兰州在内的"已入西魏之地域"；[9] 所谓"永熙绾籍"，则又是指北魏末年官方掌握的地方行政区划和政府据以征调丁口户数赋役的档案簿。如果《地形志》中所载之"沦陷诸州"的郡县确实是据"永熙绾籍"补入的，那么恰恰说明《地形志》中只有兰州等"沦陷诸州"的郡县设置情况，才是北魏分裂之前行政区划的真实记载。至于"州郡创改"等语，依笔者理解，应是指北魏分裂之后，东魏北齐辖境以外的情况而言，把它当作分裂之前西北郡县设置废省有缺误的注脚，似乎也不妥当。[10] 其三，胡三省是否因此而指责过魏收，笔者曾按《地位考》提示的线索核对了胡氏原文。《通鉴》卷77胡注云："谓水过源道南，源道，南安郡治也。又东，迳武成县，武城川水注焉，盖以山名县，而《地形志》无之，盖废省也。"从以上注文中看，胡三省是丝毫也没有指责魏收的意思的。

三、但（王杰）本传明言河州为杰本州，他当是河州金城郡直城县人，则河州金城郡亦有直城县。本传又言其从孝武帝西迁，由此可知河州直城县在北魏时已经有了，这个直城不见他书，当系子城的误写，子城当在金城设郡时（由临洮郡）改属金城郡的。

按：《周书·王杰传》虽云河州金城郡有直城，但笔者认为此"直城"二字并非没有疑义。史载北魏初年罢金城郡置榆中镇，榆中镇的治地，当在十六国时期的榆中县治。而《王杰传》称其父王巢曾为北魏"龙骧将军，榆中镇将"，依此，王杰的籍属并非什么金城直城人，而应是地地道道的金城榆中人。《地位考》为了证明《王杰传》中的直城确系北魏河州金城郡的属县，以及该直城即子城的误写，另在《水经注》和《重修皋兰县志》等材料中找到了以下几条旁证。第一，《水经注》载榆中苑川之"此城川"曾被称之"子城川"；第二，《重修皋兰县志》说："观本传所言，（王）杰应为子城人，史称直城，似误。"第三，《周书·刘雄传》称刘雄为临洮子城人，而《地形志》载临洮设郡早于金城郡，那么《水经注》中提到的"子城"，就很可能是重置金城郡时，由临洮郡改属金城郡的。《地位考》以上三条旁证，实际也很难站得住脚。第一，《水经注》中虽提到榆中苑川子城，但该书所载之子城并非仅此一处，同书引阐骃《十三州志》云："临羌新县有东北门，东北隅有子城。"临羌新县在今青海省湟源县稍东，北魏时期隶属鄯州。从语意上看，这两处子城很像是因军事需要而设，拿它与县一级的行政单位相比，似乎不太妥当。第二，张国常虽疑王杰是子城人，但他在叙及北魏时期河州金城郡的领县时，并未加入子城。[11] 可见张氏对王杰的籍属不过是怀疑而已，并未确指北魏河州金城郡领县中应有直城一县。

第三，临洮设郡虽早于金城，但两郡的设立均在北魏孝武帝之前，亦即"永熙缩籍"修成之前。[12] 如前所述，如果临洮、兰州等"沦陷诸州"的郡县设置情况均是北魏未分裂之前的真实记载，那么恰好说明北魏末年官方行政区划档案中，根本就不存在子城一县。至于《周书·刘雄传》中提到的子城[13]，史籍虽未载明具体的设置年代，但置于西魏却是大多数史家的一致看法。[14]《地位考》为了避免这个出现于西魏并在当时隶属临洮郡的子城，与其所谓北魏至隋子城隶属金城郡的推论产生矛盾，牵强推测刘雄的籍属是当时人们因重视地望而追记的。若这种解释可以作为子城在北魏时期曾属临洮郡的旁证，那王杰为何要身在榆中偏偏跑去临洮注籍呢？综上所述，《地位考》依凭这条有疑义的孤证来证明北魏时期河州金城郡有直城一县，理由也是很不充分的。

四、《舆地广记》卷16兰州五泉县条云："本汉金城县，汉属金城郡，西秦乞伏国仁据此，后曰子城县，置金城郡……"其中记子城一事为他书所未载，……清嘉庆重修《大清一统志·兰州府》条说元魏改置子城县，当据此而言，可见子城并不设于西魏，汪士铎《南北史补志》魏周地理河州金城郡下，已补入子城县。据上述，可知北魏在乞伏之苑川故城设子城县，为金城郡治，周隋相因为郡治，并不迁徙。

按：《舆地广记》这条材料本身就有问题，《地位考》对这则材料因未加辩证，所以解释时，仍犯了与我们分析其第一个推论相类似的错误。首先，《晋书》卷119《乞伏国仁传》载，乞伏国仁都据榆中苑川时，其所置的十二个郡中并无金城郡。[15] 也就是说，乞伏国仁时，其疆域尚未辖及金城，公元388年，乞伏国仁的弟弟乞伏乾归继位后，才于同年5月首次将国都从榆中苑川迁到了

324

金城。[16]显然，都于金城的，根本不可能是乞伏国仁，而应是国仁的弟弟乞伏乾归；另如前述，汉之金城县治在今西固区，辖境约东至今城关，东南至阿干镇。《舆地广记》既然说乞伏乾归（非乞伏国仁，见前辨）据此，后来改称子城县，那么这条记载中所言之金城又与榆中苑川有何联系呢？其次，汪氏《南北史补志》系补魏、周两代之志，并未确指子城设于何时，因此，这则模糊文字也不能作为子城设于北魏的旁证。其三，《地位考》如果为了说明子城设县始于北魏而云《大清一统志》是据《舆地广记》而言，则此说于《地位考》更为不利，是因《一统志》虽说子城设于后魏，但其所述子城的地点并不在榆中，而是在"汉金城故城"，亦即在今兰州市西固至城关一带。经以上分析不难看出，《地位考》关于"北魏在乞伏之苑川故城设子城，为金城郡治，周隋相因为郡治，并不迁徙"之说，也是站不住脚的。

五、《旧唐书》卷40《地理志》兰州五来县条云："五泉，汉金城县（地），属金城郡，西羌所处。后置西海郡，乞伏乾归都此，称凉（笔者按凉当作秦），隋开皇初置兰州，以皋兰山为名。炀帝改金城郡。隋置五泉县。咸亨二年复为金城，天宝元年，改为五泉……"隋置五泉县，不见隋地志，当有脱漏，此县应为隋新设，它和金城县是两个地方，如前所述，隋炀帝时始将子城改为金城县，其地仍在苑川未变。

按：隋置五泉县并见于《旧唐书·地理志》和《舆地广记》两书，但五泉与金城是否是隋代并存的两县，以及金城县是否在榆中苑川等问题，仍有可榷之点。第一，《旧唐书·地理志》和《舆地广记》虽均言五泉县为隋置，但这并不一定是说隋代金城郡同时并存有金城和五泉两个县。顾祖禹《读史方舆纪要》卷60兰州兰泉县条云："兰泉废县，今州治。本汉金城县，属金城郡。后汉及魏晋因之，后废。西魏置子城县，金城郡治焉。开皇初郡废，大业初复曰金城县，仍为郡治。义宁二年，改曰五泉县。唐咸亨二年，复曰金城，天宝初又为五泉，后废于吐蕃。"顾氏以上对金城、五泉二县变迁经过的详细叙述且不说是否有据可证，但证诸唐宋以前的有关史料，隋代金城、五泉二县只有一地两称的迹象，绝不见同时并存的记载。[17]第二，《元和郡县志》《通典》及《太平寰宇记》等书并云隋取皋兰山名置兰州府，则州府治地自然应在今兰州市城关一带。[18]《隋书·地理志》云："金城旧县曰子城，带金城郡，有关官。"所谓"关官"，即镇守金城关之"官"。《元和郡县志》卷39兰州五泉县条说："金城关，在州城西（当从两《唐书》及《通典》作北——笔者）。周武帝置金城津，隋开皇十八年改津为关。"是《隋志》中所载之金城关，盖因金城而名，地点在今兰州市中山桥北岸西侧。如果依《地位考》所说隋之金城县治在今榆中县苑川，那么金城关又置之何地呢？此外，隋末金城校尉薛举起兵反隋后，曾于大业十三年（617年）秋"起坟茔，置陵邑，立庙于城南。"[19]《重修皋兰县志》卷19《古迹》云："西秦薛举先墓在华林山，俗呼薛王坪"；《兰州古今注》庄严寺条又说："世传此寺为薛举旧宅。"如果隋末金城郡治的金城县仍在榆中苑川，那么有关薛举的传说为何不见于榆中，相反在兰州城关一带却如此之多呢？据以上分析，《地位考》如果找不出隋代金城、五泉二县同时并立的直接依据，又无法证实隋代金城县在今榆中的话，那么隋代金城郡治在榆中的推论便无法成立了。

通过以上分析我们不难看出，《地位考》依据的主要史料不仅本身就存在着明显的错误，加之其解释也不尽妥当，因而得出的结论也是无法令人信服的。至于《地位考》为进一步论证隋代金城县在今榆中何地而征引的其他史料，笔者认为已无逐一分析的必要，是因隋代金城郡治既然不在榆中，那么再去讨论其在榆中何地已成为多余。

鉴于《地位考》与本文讨论的中心都离不开子城设置的时间、隶属，以及隋代金城郡治在哪里等问题，那么笔者认为有必要再将讨论中自己零散的看法加以归纳，作为全篇的小结：北魏时期的河州金城郡领县中，并无子城一县，子城初设于西魏，属临洮郡，不久便迁至今兰州城关并为金城郡治。北周、隋、唐三朝郡治代代相因，其间县名虽有变更，但郡治却自西魏北周时起，始终在今兰州城关未变。

原载于《兰州学刊》1996年第1期。

参考文献：

[1] 郦道元：见《水经注》卷2《河水注》。

[2]《元和郡县志》卷39兰州条云："隋开皇元年立为兰州,置总管府,取皋兰山以为名。"另见《通典》卷174,《太平寰宇记》卷151。

[3]徐文范《东晋南北朝舆地表·州郡表》(《廿五史补编》第五册)。

[4]《读史方舆纪要》卷60。兰州府兰泉县条云："西魏置子城县,金城郡治焉。"贺次君《括地志辑校》子城条考证亦云："汉金城县,西魏改名子城县,即以子城为名,至隋复名金城。"

[5]见徐文范《东晋南北朝舆地表·郡县表》(《廿五史补编》第五册)。

[6]十六国时期金城未改名子城的旁证甚多,如《晋书·姚兴载记》："乞伏乾归以众叛,攻金城,执太守任兰。"类似的例证尚见《石季龙载记》《乞伏乾归载记》《秃发乌孤载记》等。

[7]据《史通·古今正史篇》载,魏收写《魏书》时,不仅北魏一朝的史书,如邓渊的《国记》、崔浩的《国书》、李彪的《魏书》,以及上起孝文,下迄孝明的历朝《起居注》俱存,大量的谱状文集等,亦曾为魏收取材;今人朱祖延撰《北朝佚书考》一书,该书仅从现存史籍中,就辑出北魏一代所著的地理类书籍达十种之多。另据《隋书·经籍志》载,属明地理类书籍而未注作者及时代的书还很多,其中一部分,如《大魏诸州志》及温子升《魏永安记》等(见柴德赓《史籍举要》),或即魏收修《志》之前写成的。由此推测,魏收修《志》时,基本材料还是存在的。

[8][9]见周一良《魏晋南北朝史札记·西兖州与南兖州》。

[10]笔者为慎重起见,曾就北魏时期河州金城郡的领县到底有无缺漏这一问题,专门核对了唐宋时期几部主要的地理类书籍,其间均未发现《地形志》河州金城郡的领县有阙漏误载的现象。

[11]《重修皋兰县志》卷2兰州建制沿革表。

[12]临洮郡设于公元445年,金城郡设于孝明帝时(公元516—528年)。

[13]《周书》卷29《刘雄传》："刘雄字猛雀,临洮子城人也……"

[14]《读史方舆纪要》卷60,王仲荦《北周地理志》卷2,贺次君《括地志辑校》。

[15]《晋书·乞伏国仁载记》载,国仁所置十二郡为:武城、武阳、安固、武始、汉阳、天水、略阳、漒川、甘松、匡朋、白马、苑川。(《太平御览》卷11引《西秦录》作十一郡)。

[16] 见《晋书·乞伏乾归载记》及《太平御览》卷11引《西秦录》。

[17]《旧唐书》和《舆地广记》两书先后修成于后晋和北宋时期，较之成书更早的《隋书》，《通典》及《元和郡县志》等均不载隋置五泉县事（《太平寰宇记》也较《广记》修成时间为早，其中也未载隋置五泉县事）。另外，仔细分析《旧唐书·地理志》五泉县条的原意，很像是说：隋开皇初兰州府治称五泉，炀帝改兰州府为金城郡时，治地又改名金城。

[18] 皋兰山和榆中的马寒山各有其明确的地理范围。20世纪80年代榆中城关发现一座唐墓。出土的"故交河郡夫人慕容氏"墓志铭载："（夫人）八月一日薨于金城郡私第……葬于郡东南九十里薄寒山之北原也"。"薄寒山"即今马寒山。可见隋唐时期皋兰山的地理范围决不会延及榆中，而榆中的马寒山范围，也决不会延及兰州城关。

[19] 见旧、新《唐书·薛举传》。

马家窑彩陶艺术的地域特征及其在创意设计中的应用探索

李晓林[①]　赵得成[②]

摘　要： 文化遗产的保护具有多重价值，其中如何将传统文化遗产转变为现代创意产业是创意设计者和文物保护者共同研究的课题。本文简要地分析了马家窑彩陶的艺术造型特征和地域心理特征，并通过实际设计案例论述了基于马家窑彩陶艺术的创意设计要点，从而提出了现代创意设计应着眼于地域文化符号的观点，传统或古代器物文化是地域性文化符号的提炼对象和依据。

关键词： 马家窑彩陶；地域特征；创意设计

马家窑文化是新石期晚期分布在黄河上游地区的一支地域性很强的文化系统，因 1924 年首先发现于甘肃临洮的马家窑村而得名。该文化包括马家窑、半山和马厂三个一脉相承、延续发展的文化类型，历经了一千多年的发展时期后，到公元前 2000 年左右逐渐走向衰落。

一、马家窑彩陶的器型及纹样特征

马家窑彩陶根据发展年代可分为三个类型，每个时期器形及纹样特征都有各自的演变特征。

1. 马家窑类型是马家窑文化的早期阶段，这一时期的彩陶是以橙黄色细泥陶为主，制陶方法主要采用泥条盘筑法和捏制法制作，器表一般打磨得很光滑。在这一阶段的早期，陶器在器形上数量较少，至中、晚期陶器器形逐渐增多，以平底器为主，器形线条逐渐变得流畅、匀称，也更加注重实用，这一时期的彩陶在器形上以盆、钵、碗、豆、瓮、罐、瓶等较常见（图 1），但彩陶器形数量最多的是长颈瓶。盆和钵的腹部较浅，口沿齐平或稍向外卷，壶和瓶多细颈宽肩，最大径在上腹，马家窑类型的彩陶，形体都比较瘦长，长颈深腹的器

[①] 兰州市博物馆。
[②] 兰州理工大学。

形较多。[1] 在图案彩绘上普遍采用单一的黑彩，漆黑发亮。装饰纹样以旋纹和弧线纹为主，线条粗健古朴，装饰题材多以反映河水奔流不息、涡深流急、波涛汹涌的气势为主，布局合理。这一时期彩陶图案在绘制技法上多采用定位法，构图方式多采用二方连续图案，也有少量的四方连续图案。

图1 马家窑彩陶常见的几种器形和纹饰

2. 半山类型是马家窑文化进入中期阶段的文化类型。其分布不仅在甘肃省内非常广泛，而且在兰州地区遗留的遗址、墓葬也非常丰富，以兰州市内各区及榆中、永登最为集中。半山类型的彩陶在数量上明显增多，器形较马家窑类型更加丰富，大件器物增加，以壶、瓮等器较为常见。这一时期彩陶的造型较之马家窑类型有明显的变化，不仅器形饱满凝重，曲线优美柔和，而且重心降低，最大径位于器腹的中部，最大腹径与器高基本相等，器表打磨得更加光滑，制陶技术有了显著的提高。[2] 在彩绘技法上更加多样化，对称、等分、间隔等技法在器物上普遍运用，色彩亮丽、层次分明、主题突出，图案配置合理、构图设计严谨规整，不论从哪个角度观察，都能够观赏到完整而华丽的画面。半山类型彩陶以器形与纹饰的完美结合，将马家窑文化彩陶艺术推到了鼎盛时期。装饰题材也更加广泛，二方连续图案和锯齿纹已成为彩陶的主要特征。红彩比例增大，彩陶图案以黑、红彩相间绘制成为主流，多组合纹饰增多。主题纹饰以锯齿纹、旋纹、葫芦网纹、菱形纹以及变化纹样和神人纹较多见。到晚期，彩陶纹样出现了很大的变化，如中期以前常见的锯齿旋涡纹，旋心逐渐放大，旋线逐渐缩短，最后旋线消失而发展演变成四大圆圈状纹样，锯齿纹的锯齿也由大变小，最后渐渐消失，壶、瓮等器的最大径开始上升，越晚显得越上，彩陶器的胎体处理开始显得粗糙，装饰图案也呆板粗简，已失去了中期华丽夺目的风采。

3. 马厂类型是马家窑文化发展到晚期的一个文化类型。在马家窑文化的三个文化类型中，其分布范围最广，出土器物数量最多。在兰州地区的八个县区内几乎都有遗迹存在，相对而言仍以榆中、永登和红古最为集中。虽然分布范围扩大了，遗迹遗物更加丰富了，但从总的发展趋势看，这一时期彩陶文化已开始进入衰退阶段，器形制作更显粗糙。虽然器形在品种上有所增加，但仍以壶、罐等器为主。壶的器体变化非常明显，最大腹径上移，器身变长，器底变小，有一种头重脚轻的感觉。图案装饰更加简单、抽象，结构变得松散、潦草。马厂类型的彩陶，早期虽然还保留着半山彩陶的华丽风格，但已有了许多的创新与发展，表现手法开始多样化，并形成了粗犷豪放的艺术风格。至中、晚期，出现了在胎体上先着红色或施白色陶衣，然后在其上绘制图案的装饰。这种技法一方面可以起到掩饰胎体粗糙的作用，但主要还是为了突出主题，增强彩陶的艺术装饰效果。这时期的主要纹饰有四大圆圈纹、变体神人纹、波折纹、回纹、菱格纹和三角纹等，其中四大圆圈纹和变体神人纹是贯穿始终的主题纹饰。

二、地域环境及社会心理对马家窑彩陶形成的影响

马家窑彩陶既是地域环境的产物，也是特定地域社会心理的反映，其中地域环境占有绝对重要的地位，它综合体现着古代先民的物质生活状况和精神世界。比如原始先民汲水用的尖底瓶（图2），在仰韶文化时期有大量的发现，而在马家窑文化时期却几乎没有出现，陇西吕家坪出土的旋纹尖底瓶，饰彩精美，制作精细，与仰韶文化的尖底瓶差别很大。旋纹尖底瓶可以说是马家窑文化唯一一件有确切出土地的器物了，在马家窑文化的同类遗址中没有尖底瓶或是尖底瓶残片的出现，我们认为两种文化的尖底瓶在用途上可能并不相同。素陶尖底瓶出土地区多为黄土高原，山大沟深，水源多在沟深岸立的地方，需要用陶器系绳汲水，然而根据现有考古资料显示，马家窑文化的先民一般都居住生活在河流两岸的台地上，水源应该充足，而且取用也便利，自然会形成对水

的习常性表述或崇拜，这一点可以从彩陶上大量出现的与水有关的各纹样上得到证明。因此尖底瓶这种汲水工具在马家窑文化中几乎找不到，或许就是因为地域环境和自然因素的不同所造成的差异。

图 2　素陶和彩陶尖底瓶

　　随着农业生产的发展和生活的稳定，先民有了对彩陶的艺术器形的纹样装饰的需要。在陶器生产之初，并没有刻意装饰的纹饰，只是在陶器加工过程中，在器物表面留下的手捏、片状物刮削痕、拍打器壁时的不规则的印痕等。随着各种条件的不断完善，先民制陶工艺水平的不断提高，人们才逐渐将不规则的印痕装饰变为有意识的、规则的装饰。彩陶作为一种造型艺术，总是反映当时人们的生活状况和社会存在的，因此一定的彩陶纹样，特别是某些特殊的传统纹饰，反过来又可以作为区分考古学文化和隐藏在文化背后的人们共同体的重要标志。原始先民对彩陶的需要和对美的渴望所引起的原始创作冲动成为彩陶装饰的重要推动因素，当原始先民有意识地刻画和彩绘陶器时，便把精神因素倾注于物质载体上，多样化的纹样是先民精神方面的满足，是生产、生活实践积累的结果和精神要求的表现，也是原始先民精神世界的一种反映。今天我们欣赏彩陶，觉得原始人类和自然在生态环境上所保持的和谐，有无限的感染力，无论从材料工艺上、使用方式上还是造型图案上，都是那么天真、自信、雅致、纯朴。虽然在其他的史前文化的陶器上也有装饰的因素，但马家窑文化的彩陶无论从器形、装饰纹样和类型都达到彩陶文化的顶峰。

陶器的生产主要是人类为了改善物质生活和精神生活，适应特定自然环境的需求，而彩陶装饰的起源则是在这个基础上形成的一种生活方式。人们之所以要按某种方式生存，原本不是人们的心理爱好、信仰或审美产生的，而是由于人们要适应自然环境才形成了这样的生产方式和生活方式，在长期的生活过程中自然也就形成了与之相适应的文化心理或审美情趣。[3] 而表达出这种生活方式的物质用品和精神表现形式，也就自然带有本地区特点，最终形成了特色性的物质用品或其他文化形式，这是器物文化符号的形成过程。从人类学和心理学的角度讲，地域环境不是形成地域文化及地域心理的决定性因素，但肯定是重要基础因素之一。地域文化心理主要决定了造物的审美形式，在此基础上形成的消费心理又直接作用于造物行为。

三、基于马家窑彩陶符号的兰州旅游用品及纪念品创意设计

文化产业作为"国民经济支柱性产业"，与同样作为"战略性支柱产业"的旅游业将有越来越多的融合发展，这是一种发展思路也是一种发展机遇，处于黄河上游的兰州及临洮沿线可以因此寻找到新的文化创意产品发展的契机。旅游纪念品是一种地域文化符号的反映，其设计选题要反映物品的地域文化特征。马家窑彩陶的艺术及工艺水准达到彩陶文化的顶峰，其器形、纹样、色彩具有浓郁的黄河上游古文化地域特征，显示出鲜明的文化和自然的双重符号特征，是现代地域性创意设计的源泉。

1. 设计基本要点和思路拓展提示

(1) 不同人群的生活方式不同，在旅游用品上对产品的造型、功能等都有特殊要求，这对旅游用品的结构符码和内涵符码有限定，特别是内涵符码的定位要体现使用人群的心理特征。

(2) 人们在不同的自然环境需要不同的衣食住行方式，所以必须有可移动的适合不同地域环境的生活用品。这些用品在功能、结构、材料、地域性、使用方式上有特定的符号意义。在设计中主要体现在旅游用品的结构符码设计方面。

(3) 旅游消费基本是文化消费，所谓文化消费在很多情况下是一种符号

消费，购买旅游纪念品的实质是购买一种具有异地风情的文化符号。所以，基于传统文化符号的旅游纪念品的设计要强调文化的主题符号。

（4）旅游消费还是一种体验特定地质、地貌属性的娱乐活动。设计活动可以提高现有旅游娱乐用品的综合品质，同时开发新的娱乐器材，重在结构符码和内涵符码的设计，告诉使用者它是什么、如何使用。

2. 基于彩陶纹样的旅游纪念品创意设计——珍藏影像机

通过对几种典型彩陶原符号的分析，基于彩陶文化的旅游纪念品语意设计应从三个主要方面切入：一是器形，马家窑彩陶中许多器形虽然与传统器形没有太大的区别，但个别器形非常特异，如尖底瓶，设计时可以注重轮廓线符号特征的提取；二是纹样，最典型的是旋涡纹和蛙纹，简练地提取其线条特点及组合特征；三是套色，马家窑彩陶大多为红泥质胎面绘黑色纹样，黑红对比的符号特征十分鲜明。

图 3　旋涡纹瓶

袖珍珍藏影像机（图4）是采用旋涡纹样设计的。水纹有强烈的动感效果，这种纹样在马家窑类型彩陶中具有典型性，它不仅大量出现在瓶、罐等器的外装饰上（图3），也频繁出现在盆形器的内壁。在马家窑类型的彩陶纹饰中水纹以旋纹为特色，具有旋动的特点，旋动格式丰富，线、面结合，对比强烈。图案设计采用以点定位的方法，使画面充分展开，尽情变化，旋涡纹往往以点着圆心的圆圈或同心圆为中心，向左右或四周发散出波状的条纹，连缀成二方连续或四方连续的图案。

该款袖珍珍藏影像机是针对在甘肃临洮、兰州等地以彩陶文化旅游为主的游客设计的一种具有照相和图片浏览功能的照相机，内装各种精品彩陶的精美立体影像，还可以自己拍摄多张旅游照片，一次性拍完，再不可修改，可长久珍藏和浏览。该旅游纪念品的外观吸取、简化了马家窑彩陶的旋涡纹样，虽然汲取了远古纹样却又不失现代视觉冲击动感，黄色和黑色的对比将彩陶的地域文化符号和旅游生活永久地记忆在其中，值得珍藏。

图4 珍藏影像机语意设计

3. 基于彩陶器型特征的旅游纪念品创意设计——钥匙扣和开瓶器语意设计

图5 基于马家窑彩陶的钥匙挂扣语意设计

335

图 6 基于马家窑彩陶的开瓶器语意设计

创意设计需要借助某一事物的启发或对同一事物不同视角的启发，一个看似简单的事物从不同的角度观察往往会有不同的领悟。马家窑文化彩陶种类繁多，造型丰富，器形有碗、钵、盆、罐、壶、瓶、杯等，这为创意设计提供了丰富的素材。

在设计时，形状符号的提取很关键，要抓住最主要的特征。通常情况下，物体最简单的特征不外乎剪影特征，所以从三视角度观察，如彩陶瓶正视时的剪影特征，俯视时的同心圆特征，这或许对造型设计很有用，在与其他功能因素综合融合后可能就有创意方案产生。有时候一个思路可能会产生诸多设计方案，在本案例中设计师抓住了彩陶瓶的侧视和正视的剪影形状，将这一造型元素和开瓶器（图5）、钥匙挂扣（图6）等物品的功能要求系统考虑后产生了系列化的设计方案。

4. 基于彩陶器型形状、色彩等综合特征的旅游纪念品创意设计——烟灰缸

该设计在认真观察和分析了诸多马家窑彩陶器物后，提取了几个典型的图案元素，并将其进行空间维度的变化处理。本案例中设计师选取了三种单元图案纹样（图7），对由原点和外形组成的平面图案先立体化拉伸，再进行立体物的内外色彩套色设计，使之整体保持原始彩陶的色彩特征。

图 7　基于马家窑彩陶的烟灰缸语意设计

这种设计方法在如何处理传统和现代的关系中具有一般方法论的意义，由于其选材和立意是传统文化元素，但处理手段上又采用了现代主义的简约方法，所以其设计往往既具传统文化意蕴又有现代特征。

四、结语

甘肃传统文化资源丰富，马家窑彩陶艺术作为本省优势文化资源亟待提出新的保护和利用思路，其中将其作为一种文化符号转变为现代创意产业是一个很好的发展方向。该研究方向的主要任务在于分析马家窑彩陶的艺术造型特征和地域成因，提炼彩陶的器形和纹样、色彩等特征元素，通过设计实践探索更多、更具创意的设计方法。

原载于《中国包装》2012 年 10 月。

参考文献：

[1] 张之恒：《中国考古学通论》，南京大学出版社，1991 年。

[2] 郎树德，贾建威：《彩陶》，敦煌文艺出版社，2004 年。

[3] 欧阳志远：《上帝的陶杯——文化多样性与生物的多样性》，人民出版社，2003 年。

兰州白衣寺塔砖雕艺术

赵敏瑜

内容提要： 兰州白衣寺塔是明代汉藏文化融合的重要实例，砖塔上的浮雕体现了明朝时期"三教合一"的文化状况。从砖雕的位置分布、题材内容、艺术形式等方面，探析砖雕的艺术特色，对进一步了解明代宗教文化、建筑雕刻、文化融合等具有一定的参考价值。

关 键 词： 白衣寺多子塔；观音造像簪；王位承袭
中图分类号： K875.8
文献标识码： A
文章编号： 1005-3115（2005）01-0016-02

　　甘肃省兰州市博物馆院内的白衣寺塔，又称"多子塔"，为明代中期所建。白衣寺塔是喇嘛式和楼阁式两种佛塔风格融合的实物见证（图1）。塔通高24.83米，由塔基、塔身（一层为覆钵形制，其上为八角十二级楼阁）及塔刹三部分组成。基座为喇嘛塔束腰须弥样式，四边各长4.8米，高2.6米，分为上、中、下三层。上层是磨砖枭混合枋组成，枋层浮雕莲花、蝙蝠、灵芝、佛手、葡萄、石榴、卷云等花牙垫墩。中层束腰表面由大小28块砖雕组成，四面为锦云、牡丹、荷花、夔龙等绦环图案，东南与西南折角处浮雕倭角方框为佛教八宝图，东北与西北折角处浮雕倭角方框为暗八仙吉祥图。下层为砖雕座裙，正面浮雕卷云花罩，牙角分角浮雕如意云头，两侧短尾以勾云纹装饰。

一、砖雕图案现状

　　白衣寺塔覆钵式塔身龛门，作砖镶砌仿木结构悬山式，由砖雕瓦垄、椽头、拨风板等构成。其上有门柱、额枋、雀替等建筑构件。龛上方镶嵌石匾一块，匾周镶砖雕匾框。石匾镌刻阴文草书"耸瞻震旦"，落款为"太华道人崇祯辛未孟夏之吉"，（"太华道人"为明朝末代肃王朱识鋐之别号）。额枋刻有五只蝙蝠卷云纹，中间雕刻蝙蝠口含铜钱，两侧雕刻蝙蝠口含灵芝。两个砖柱外侧枋头均刻口含平安扣的蝙蝠卷云纹，砖柱两侧雕有流云雀替及花牙纹饰。

十二级楼阁式塔身为砖砌仿木结构叠涩出檐，砖雕较为简单，檐角雕鸱吻、卷云、如意云纹等，每侧均为雕壸门佛龛。

束腰须弥座上的砖雕是最具代表性的。塔座下层四面十二角为相同砖雕座裙，牙角分角浮雕如意云头，两侧短尾以勾云纹装饰（图2），塔座中层束腰表面由12块长方形砖和16块方形小砖雕成。每个面均有3块长方形砖雕，四方折角处各有4块方形砖雕。正南面3块长方形砖雕，两边夔龙绦环浮雕（图3）。正东面中间为牡丹绦环雕刻（图4），两边雕刻锦云绦环。正北面中间雕刻有绦环竹梅松，两边为缠绕绦环双夔龙纹（图5）。正西面中间为绦环荷花雕刻纹样，两边为绦环锦云纹。

图1　白衣寺塔

339

图 2 白衣寺塔基座（东南角）

东南折角处四块面砖浮雕倭角方框佛教八宝图案中的金轮（已残）、海螺、宝伞、胜利幢。西南折角处四块面砖浮雕倭角方框佛教八宝图案中的荷花（已残）、宝瓶（已残）、双鱼（图6）、盘长结（图7）。东北折角处四块面砖浮雕倭角方框暗八仙吉祥图案中的宝剑、鱼鼓、阴阳板、花篮（图8）。西北折角处四块面砖浮雕倭角方框暗八仙寓意吉祥图案中的荷花、横笛、葫芦(图9)、团扇。

图 4 白衣寺塔基座（东面）

图 5 白衣寺塔基座（北面）

图 6 佛教八宝（双鱼）

图 7 佛教八宝（盘长结）

图 8 暗八仙浮雕（花篮）

图 9 暗八仙浮雕（葫芦）

341

塔座上层东南角（图10）和西南角各有1个蝙蝠云砖雕图案，东北角和西北角（图11）雕刻蝙蝠，口含灵芝。南面枋层面有2个不同的莲花花牙垫墩，东面雕刻有2个不同的佛手花牙垫墩，正北面雕刻有2个不同的葡萄花牙垫墩，正西面雕刻有2个不同的石榴花牙垫墩。折角处雕刻灵芝、卷云。

图10 白衣寺塔基座上层（东南角）

图11 白衣寺塔基座上层（西北角）

二、砖雕图案文化内涵

白衣寺塔砖雕有道教"暗八仙"、藏传佛教"八宝"及中国传统吉祥纹样。"八仙"是中国神话人物形象，在道教文化中也受到推崇。"暗八仙"只雕刻其"法宝"表达文化寓意。明清时期，八仙的故事流传甚广，其寓意祝颂长寿、吉祥如意、平安福祉的纹样为人们喜闻乐见，也体现了中国道家所追求的精神境界。佛教八宝包括了法轮、法螺、宝伞、白盖、莲花、宝罐、金鱼和盘长结，法轮代表佛教大法圆转，万劫不息；法螺代表着菩萨果妙音吉祥；宝伞代表着张弛自如，曲覆众生；白盖代表遍覆三千，净一切乐；莲花代表着出浊世而不染；宝罐代表着福智圆满，具完无漏；金鱼代表着坚固活泼，能解坏劫；盘长结代表着回环贯彻，一切通明。八宝与暗八仙纹样一样，最初只运用在宗教场所的装饰中，随着宗教文化与汉文化的融合，成为我国民间传统工艺中常用的装饰纹饰。并与缠枝花卉纹、卷草纹、鸟兽鱼虫等组合使用。

龙纹，被远古时期的人们视为神灵和祥瑞的象征。塔座中层南面和北面两侧雕刻有夔龙纹，夔龙纹则与传统道教有着密切的联系，是权威和尊贵的象征。塔座上层和中层西面出现的莲花，是佛教图式中极为重要的象征符号，象征着圣洁、素雅、崇高、吉祥、贞静、光明等，并赋予其神秘色彩。塔座中层东面的牡丹（富贵）纹饰，具有富丽、华贵和丰茂等寓意。塔座中层正北面雕刻竹梅松（岁寒三友）图案，岁寒三友指松、竹、梅，是中国传统文化中高尚人格的象征。宋代的苏轼、文仝常以"岁寒三友"作为文人画的题材。在元明时期，陶瓷与建筑上也常用松、竹、梅的图案。

在寺塔砖雕中，蝙蝠作为吉祥物，用大胆的变形移情手法和丰富的想象力，雕刻于塔座上层四角。东南角和西南角出现的两只蝙蝠（雄）图案相似，蝠身和蝠翅都翅卷祥云（洪福齐天），风度翩翩，而东北角和西北角两只蝙蝠（雌）盘曲自如，口含灵芝（福至）。蝙蝠以两雄两雌雕刻于塔基四角，体现的正是阴与阳的结合。上层雕刻有"祥云"和灵芝（云芝瑞草）、佛手（多福）、葡萄（多子多福）、石榴（多子）等吉祥纹样，下层是"如意祥云"，取"如意连云"之意。

佛塔原是埋藏高僧舍利，供人膜拜的建筑物。传到中国，受汉文化的影响，佛塔的功能与意义发生了变化，而且不再囿于佛塔的概念，道教也修建"塔"。兰州白衣寺塔，塔刹为葫芦形宝瓶，是佛教建筑与中国文化融合的结果，葫芦作为中国文化观念中的吉祥物之一，其寓意丰富多样，道教将宝葫芦作为镇观之宝。

中国文化中儒、释、道三教合一。至明代，儒、释、道三教中以儒学为中心，众多名僧、方士参与其中，互相影响，导致佛、道的世俗化及儒学的通俗化。自明太祖朱元璋提倡三教并用以后，儒、释、道三教圣人便共聚一堂、一阁或一图，这在民间的祠庙中最为常见。

三、结语

通过对白衣寺塔的砖雕可以看出明代工匠创造了许多技艺精湛的佛教建筑装饰艺术作品。明代雕刻技术承继前代，也有融中原文化、地方文化与佛教文化于一体的创新之举。白衣寺塔的砖雕艺术，构图丰满，纹饰繁复、形象生动，刀法浑厚朴实。当时的砖雕匠人多为汉人，他们将汉文化和佛教文化融合在一起，表现了包容与仁爱的价值观念。白衣寺塔砖雕艺术有着鲜明的地方特色，它是我国古代建筑装饰艺术的重要组成部分。其砖雕艺术蕴含社会、宗教、文化、风俗等内容，是研究明代建筑艺术的珍贵实物资料，对于研究明代历史文化具有一定的参考价值。

原载于《丝绸之路》2019年第1期。

参考文献：

[1] 兰州市文物编纂委员会：《兰州市志·文物志》，兰州大学出版社，2006年。

[2] 吴山：《中国纹样全集宋·元·明·清卷》，山东美术出版社，2009年。

[3] 南怀瑾：《南怀瑾选集》，复旦大学出版社，2003年。

基于传统文化元素 DIY 的虚拟交互技术实现

董亚莉　皮邦瀚　赵海英　谢　燕

内容提要： 本文以文化元素为对象，讨论并研究了一种新的适用于传统文化展呈的虚拟交互技术，探讨利用该虚拟现实交互技术将提取出的文化元素进行展呈和再创作的过程。对这一过程的分析，不仅有利于帮助人们加深对文化内涵的理解，而且对文物中优秀传统文化的传承也起到了至关重要的作用。

关 键 词： 传统文化；文化元素；虚拟交互

1. 引言

文物是人类在社会活动中遗留下来的具有历史、艺术、科学价值的遗物和遗迹，它是人类宝贵的历史文化遗产。博物馆是一个国家或地区文化传承与发展的有力见证机构，其主要作用在于馆藏文物的保护、研究和展呈。现今的博物馆文物研究已经趋于全球化，不少国内外的专家学者都对馆藏文物的文化内涵做过深刻的研究解读。但深入理解文化内涵仅靠观赏馆藏文物和阅读专家的文章解读是远远不够的。在文化大众化传播的今天，依靠新兴数字技术进行文化传播是大势所趋，而虚拟现实技术在这其中具有无可比拟的优势，它的沉浸式体验使其在众多数字媒体技术中脱颖而出。其实，传统文化与虚拟现实技术结合的例子数不胜数，虚拟博物馆、虚拟文化展厅、虚拟歌剧院等都是很好的体现，但将传统文化中的基础元素与虚拟现实技术结合的案例并不多，即使结合之后交互性也较差，若由此呈现的艺术效果不能满足用户需求，反而对传统文化产生负面的影响。

本文的研究意义在于将博物馆文物中的文化元素与虚拟现实技术进行结合，提出一种新的虚拟交互方式并对其技术细节进行讨论和研究，使其与博物馆文物中的文化元素有效结合，让用户的沉浸感和交互性体验更强烈，能更加深刻地感知文物的艺术性与文化内涵。

2. 文物中的传统文化元素与DIY

我国的传统文化种类繁多、底蕴深厚，如何将博物馆馆藏文物或数字化移动文物中更为复杂的传统文化元素合理运用于交互设计，以更好地呈现并表达其文化内涵，值得仔细推敲与斟酌。

笔者认为虚拟交互技术是一个非常新颖且实现效果较好的手段。因此，本文将探讨如何通过虚拟交互技术与文物中的静态文化元素的结合——例如如何将馆藏文物中的图案元素和数字化移动文物中的图案元素分解——来进行理解性的交互和艺术性的再创作。为了更好地理解虚拟交互技术如何影响文化元素的呈现，本文将举例对一些博物馆文物中的文化元素及其内涵进行阐述。

首先，文物中包含大量的图案元素。我国的敦煌研究院从20世纪90年代起就与国内外科研机构合作，开始了"数字敦煌"的探索和研究，目前在文物图像采集与保存、文物历史复原、洞窟虚拟模拟、壁画图案创作等方面已经取得并掌握了一套成熟的技术和经验。而著名的舞剧《丝路花雨》也正是利用了敦煌壁画的内容，将这些文化元素从壁画搬上舞台，由静态转为动态，给这些文化元素赋予了新的生命力。

其次，作为部分文物的民族服饰也是一种传统文化元素，在一般的民族博物馆中，大量的文物都是以民族服饰和器具的形式存在。不同的民族服饰在色彩、纹样和构成上都不尽相同，其中蕴含的文化特色和寓意也不一样。将不同的民族服饰上的元素进行解读并表达出来，有利于人们理解民族文化和再创作。

剪纸也是一种很常见的传统文化元素，在剪纸博物馆中大多数剪纸都有数字化的备份，我们在线上博物馆甚至移动博物馆中可以欣赏到这些剪纸。剪纸的主题大多和中国的传统节日——春节有关，对于春节，中国人脑海里会出现一些抽象的概念，比如红色，这种传统的春节符号是我国劳动人民千百年来生活与劳动过程的积淀。而剪纸正是利用红色的纸张加上人类的智慧和创造力将人们对春节的美好期望表达出来。

从以上例子可以看出，文物中的传统文化元素种类繁多，内涵丰富，而且很多都体现着历史发展过程中人们对传统文化的运用和创新。这种创作过程正与DIY（Do It Yourself）制作相似，简单来说，DIY是在没有专业资质限制的情况下，个人通过亲身实践对原材料进行创作，从而打造出一份私人"作品"

的过程。

3. 如何通过虚拟交互技术进行传统文化元素的DIY

虚拟现实交互技术可以说是第四次工业革命时代下的产物，未来的现实交互技术将对包括人类交流方式在内的物质文化生活产生极大的促进作用。虚拟现实交互技术是基于网络兴起的技术，它让人沉浸在一个虚拟的场景，并对四周虚拟环境做出相应感知和反应。虚拟现实技术一是需要感知和跟踪用户的肌肉运动、姿势、语言等多个感官通道的输入信息；二是对人类的视、听、触、嗅等多个感官通道如何感知真实世界进行模拟；三是可以由用户的视点方位作为不同的输入角度，快速为用户提供人体各部位感官所能感受到的信息。人机交互是虚拟现实的核心技术之一，对虚拟现实技术的推广和提高用户的交互体验具有重要意义。由于传感器和其他硬件技术的发展，当下虚拟现实人机交互有了长足的进步。利用虚拟交互这种沉浸感强、交互性高的技术来进行丝路文化元素的展示与传播既是文化元素新的数字化信息形式的呈现，也是国家非物质文化遗产传承与保护的新兴手段。

近年来，生产VR硬件设备的厂商逐渐增多，市面上的VR硬件设备也种类繁多，HTC Vive是好评较多且用户使用率较高的一套硬件设备。由此本文将介绍以HTC Vive为测试开发硬件的传统文化元素虚拟交互技术。

3.1 基于定位技术的文化元素感知

HTC Vive这套VR硬件设备配备有一套称为Lighthouse的室内定位系统，它由两个基站构成，依靠这两个基站里的红外激光扫描头配套的显示器以及手柄上的接收点，即光敏传感器，来实现室内用户的定位。这种良好的定位技术对于虚拟交互的重要性是可想而知的。依赖于这项技术，任何用户都可以在有限的室内空间随意移动，同时在虚拟空间中也会进行相应的位移，这种定位感知使得用户的沉浸感和体验感大大提高。

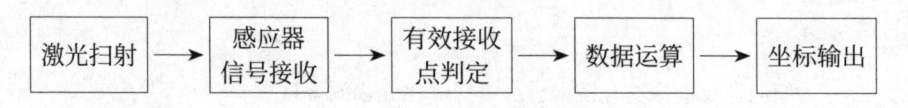

激光扫描 → 感应器信号接收 → 有效接收点判定 → 数据运算 → 坐标输出

图1 定位器原理

以敦煌壁画为例，在文化元素的虚拟交互中，我们可以用这些敦煌壁画元素，构建一个艺术设计性较强的壁画场景，在场景中有不同地域和风格的壁画，分布在不同的场景区域。用户戴上头显设备体验该场景，利用定位技术，可以在条件允许的情况下在真实场景中四处走动，虚拟场景中人物替身也会做出相应的移动，而此时用户看到的是虚拟的壁画场景，这就使得用户在虚拟场景中产生真实的距离感。当用户要观赏壁画中的飞天元素时，他可以走近仔细查看并进行下一步的交互，当用户要观赏其他地域和风格的壁画时，他可以直接移动到下一个位置。所以基于定位技术的开发很好地解决了用户距离感知不足的问题，让用户能更自然地贴近壁画中的文化元素，品味其内涵。

3.2 基于手持移动设备的文化元素交互提取

在虚拟现实领域，有一个共同的理念是将传统的桌面交互转向用户与环境的交互，其探讨的主题是基于可移动的手持设备的三维交互设计。在 HTC Vive 中，提供两个可手持移动的手柄，该手柄是可以实现 3 自由度的便捷移动交互设备，配合定位系统可以让用户实现 6 自由度的操作。HTC 手柄一共包含 8 个控制按钮和环状的光敏传感器，有菜单按钮、系统按钮、扳机键和侧面的手柄按钮，其中心有一个圆形的触摸板 touchPad，可以实现多个方向的触摸和按键操作。touchPad 键是一个以中心为 (0,0) 点的直角坐标系，四个端长度都是 1 个单位，可接收触摸和按压两种事件，通过 SDK 中的 GetTouchDown 以及 GetPressDown 两个接口调用，触摸或按压会通过 Unity3D 中的 GetAxis 方法返回一个坐标系中的点，由此可以判断触碰点的位置，触发不同的事件，并根据角度或各种方法将按键切分为 n 个按钮。

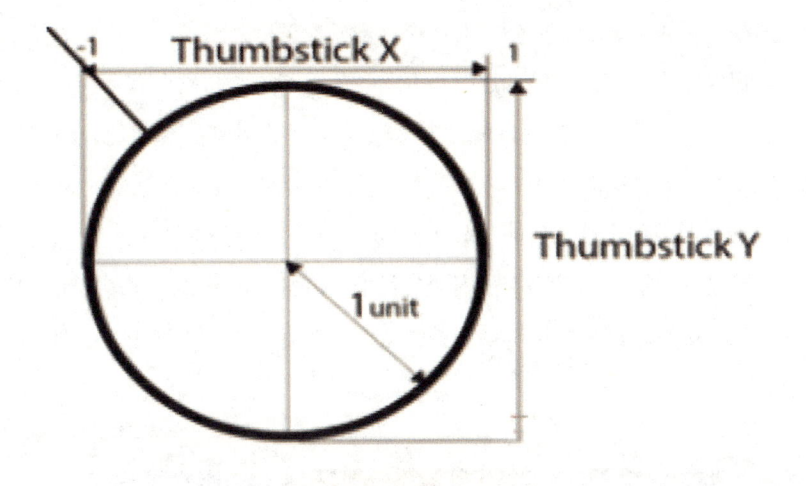

图 2 touchPad 原理图

在面向传统文化元素的虚拟交互技术中，文化元素的交互提取都依赖于手柄的操作。由于用户处于文化元素丰富的虚拟场景之中，在观赏元素的时候也要对其进行操作，比如摘取元素进行多角度观赏，这时候就要用到手柄的扳机键。例如当用户处于按照某个文化主题构建的虚拟场景中时，若用户在虚拟场景中观看舞剧的同时对演员身上的服装产生了浓厚的兴趣，用户可以利用手柄走近角色，并用手柄触碰正在表演的角色，此时该角色所穿着的服装会以面板的形式展现出来，明确地告诉用户该民族服饰的时代、类属和所包含的特点。

图 3 配色方案

用户在应用主要交互功能感受传统文化元素的同时，不必局限于原文化主题的风格，可以根据自己的想法对传统文化元素进行艺术性再创作，对其中的壁画、民族服饰、剪纸和地毯进行一定的颜色填充。这时候会有几种给定的配色方案（如图3所示），每种配色方案包含4到5种搭配起来比较和谐的颜色。在配色方案功能的设计中（如图4所示），手柄的touchPad的圆形设计和键位安排无疑是实现该功能的最好方法。通过移动手柄的交互，壁画、民族服饰、剪纸、地毯等元素的文化内涵及艺术价值可以很方便地呈现出来，甚至还能通过自己对该文化的理解以一种创造性的交互方式改变这些文化元素的呈现方式。

图4　颜色选择

3.3 基于射线的文化元素交互与体验

在虚拟交互技术的研发中，对于距离用户较远的虚拟物体，不方便进行触碰和摘取操作，这时候最常用的交互技术是射线交互，用户在虚拟场景中可以使用手柄，并从手柄的顶端向手柄的朝向发射一条射线，该射线类似激光指针，通过这束激光与物体的交点来实现与远程物体的交互。在常见的游戏引擎中一般都有射线的方法，但在虚拟交互技术中是通过应用VRTK的Simple Pointer来实现。简单指针（Simple Pointer）脚本从控制器尾部射出一个有色光束来模拟激光束，这在场景中指向物体很有用，它能判断出所指向的物体以及物体距控制器射出光束位置的距离。另外一种贝塞尔曲线激光指针（BezierPointer）可以从控制器末端发出一个曲线（由游戏对象组构而成）到（任何高度的）地面上的一点。激光曲线的终点能够弯曲到用户看不见的对象顶部，可以用于传送到各种高度的对象上。而在简单的射线操作中，例如小场景同一水平高度的射线检测，简单指针则比较常用。

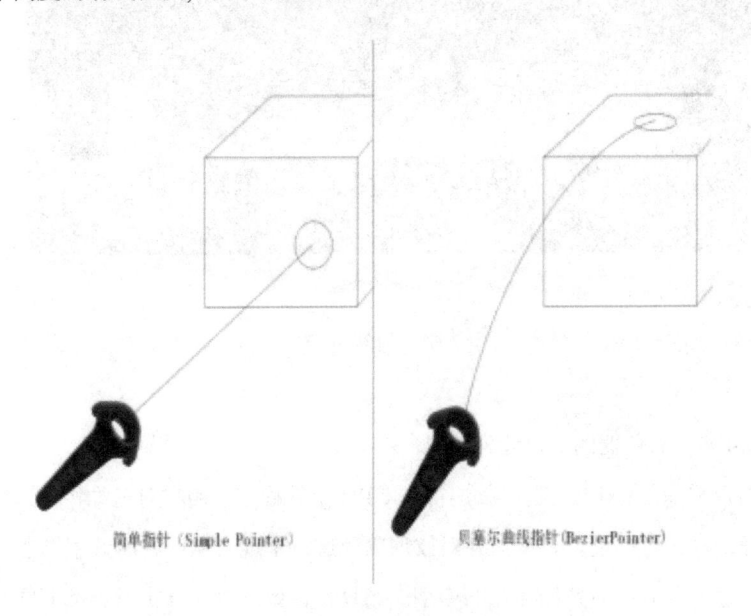

图 5　两种射线类型

将射线检测用到传统文化元素交互中，虽有定位技术，但用户有时候想要在虚拟场景中瞬间移动以更加方便地观赏和实现交互体验，这时候可以用到贝塞尔曲线激光指针进行跨场景物体的跳跃瞬移。在对文化元素进行颜色填充的时候（如图 6 所示），可以事先通过手柄选择自己喜好的配色方案然后通过手柄发射的简单指针射线选中需要交互的元素面片，以改变该面片的颜色。当用户想了解传统文化元素中正在跳跃的舞蹈动作时，用户可以使用简单指针的射线远距离地选中正在舞动的角色，通过扣动扳机获取该舞蹈的类型、所属地域、舞蹈特点等用户感兴趣的内容。射线交互使得一些远距离动态的文化元素可以通过这种新颖的交互方式更简便地呈现在用户面前。

图 6　射线交互

3.4 基于着色器的文化元素着色

着色器即 Shader，是一款运行在 GPU 上的程序，用来对三维物体进行着色处理，对光与影进行计算，并对纹理颜色进行呈现，从而将游戏引擎中的一个个作为抽象的几何数据存在的模型、场景和特效，以和真实世界类似的光与影的形式呈现于玩家的眼中。我们在对传统文化元素进行交互的过程中，需要创造性地改变其着色器，使其更加具有趣味性。在射线检测和碰撞体检测之后，我们获得了用户想要交互的元素，此时我们可以任意改变其参数，而改变其颜色是最常见的手法，为了获得较好的艺术性与观赏性，我们采用着色器改变该物体的色彩和纹理，使其呈现出较好的艺术效果。对于地毯中的一个元素（如图 7 所示），我们可以通过射线将它选中，然后按照自己的想法改变它的颜色、纹理或者材质。例如我们如果希望一只动物呈现具有白色羽毛特质的效果，我们可以通过着色器来调节它的显示参数以呈现更好的展呈效果。利用着色器，我们可以将文物中各种不同的传统文化元素中静态的、单调的元素绚丽多彩地展现出来，增强用户的视觉感官体验。

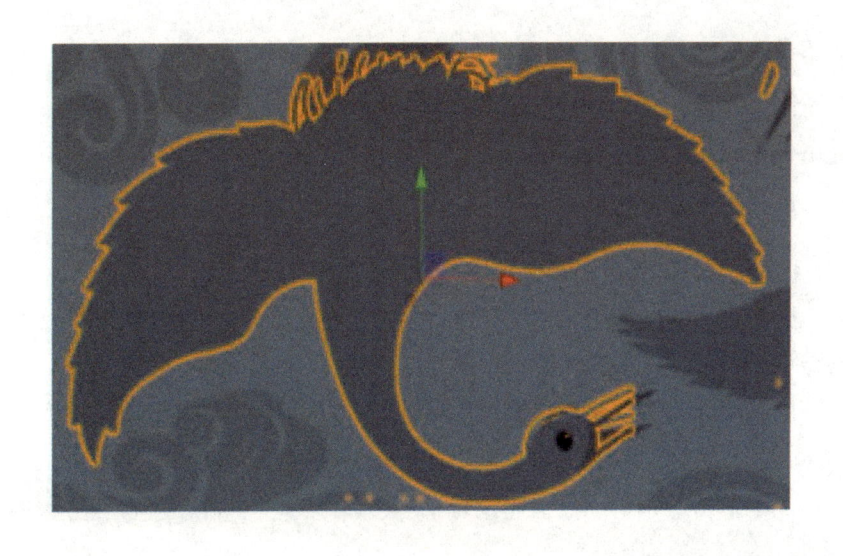

图 7　元素着色器

4. 总结

本文提出一种新的虚拟交互方式并对其技术细节做了探讨。文章以博物馆文物中的传统文化元素为对象，将其与虚拟现实技术结合，利用虚拟现实交互技术将提取出的文化元素进行展呈和再创作，这种技术与艺术的结合让用户沉浸感和交互性体验更强烈，更能体会传统文化元素的内涵。在未来的虚拟现实技术与传统文化结合发展的过程中，新型的虚拟交互技术将会产生很大的作用。

原载于《艺术科技》2018 年第 02 期。

参考文献：

[1] 宫明浩：《数字媒体技术在公共艺术创作中的应用研究》，《吉林建筑大学》，2017 年。

[2] 杭云，苏宝华：《虚拟现实与沉浸式传播的形成》，《现代传播》，2007 年。

[3] 刘东东：《数字媒体技术下交互艺术的现状及发展趋势——以"印·踏"展为例进行分析》，《数码设计》，2017 年。

[4] 刘贺，宋立权：《虚拟现实交互技术在非物质文化遗产保护中的应用——

以赫哲族鱼皮文化保护为例》,《新闻知识》,2018年。

[5] 洛毛措:《敦煌舞蹈艺术形式的审美价值与教育研究——以舞剧〈丝路花雨〉为例》,《艺术研究》,2017年。

[6] 刘氢:《基于Unity3D和htcvive的虚拟现实游戏设计与实现》,《通讯世界》,2017年。

[7] 马志明:《基于虚拟现实技术的数字媒体艺术创作研究》,《吉林工程技术师范学院学报》,2018年。

[8] 潘斌,常承阳:《浅谈虚拟现实教学软件开发中的交互技术——以HTC Vive为例》,《电脑知识与技术》,2017年。

[9] 原哲:《浅析舞剧〈丝路花雨〉的民族特色》,《音乐时空》,2014年。

后　记

　　兰州在历史发展过程中，积累和留存了丰富的历史文化遗存，有曹家嘴、花寨子、青岗岔、王保保城等数十处遗址，也留下了历代劳动人民用血汗凝结的无数珍贵历史文物、重要文献和古籍图书。《大河流韵——兰州市博物馆精品文物图文集》的编写，就是以兰州市博物馆的基本陈列为主线，弘扬兰州历史文化，展示大河流韵魅力。本书由兰州市博物馆董亚莉、李晓林、陈虹三位同志共同完成。通过对这些珍贵文物资料的整理、研究和展示，不仅可以为兰州人民提供丰富的精神文化食粮，同时在宣传兰州、促进两个文明建设中也必将发挥一定的作用。作为编者，我们努力用动静结合的图书记录梳理兰州市博物馆的文化遗产资源，给读者一方空间触摸历史，品味文化，让读者朋友们感受到"打开一本书，了解博物馆"的独特魅力。

　　在本书的编写过程中，由于水平有限，不免有疏漏和不当之处，欢迎读者指出。为了方便随时了解兰州市博物馆相关信息，您可扫描封底二维码，关注兰州市博物馆微信公众号。